노인복지총서 II

세상과 소통하는 힘

# 노인문해교육

대표저자 이준우

공동저자 임은화 · 백승영

도서출판 피란마음

# 머리말

꽤 오랜 시간 학교에만 있다가 또 다시 현장에도 한쪽 몸을 담아보니 많은 것을 배우고 생각하게 된다. 실천 학문이라 흔히 말하는 사회복지학을 가르치고 사회복지사를 양성하는 교수가 그동안 급변하는 사회복지 현장을 몰라도 너무 몰랐다는 반성과 성찰을 하게 되었다. 원래 교수는 말과 글로 사는 직업이다. 세상 돌아가는 일에 책임질 필요가 없고, 그럴 의지도 없으면서도 말은 잘하고 글도 잘 쓴다. 그래서 교수의 말은 대학 울타리 안에서 맴돌 가능성이 높다. 물론 사회를 변혁시키며 세상을 섬기는 데에 최선을 다하는 훌륭한 교수들도 많다. 하지만 동시에 많은 교수들은 끝없는 진단과 비판에 능하나 실행은 상당히 미흡한 것이 사실이다. 나 또한 교수이니 이러한 교수의 특성을 비껴갈 수 없을 것 같다.

그런 면에서 '화성시' 로부터 수탁받아 '강남대학교' 가 운영하고 있는 '화성시 남부노인복지관' 의 관장을 맡게 되어 지역사회와 서비스이용자인 어르신들을 섬길 수 있다는 것은 정말 큰 축복이며 감사한 일이다. 그러면서 강한 책임감을 떨쳐버릴 수가 없다. 제대로 기관을 운영하고, 확실하게 노인복지서비스를 실천하지 않으면 안 되겠다는 마음이 든다. 대학이 운영하고, 교수가 관장인 복지관이 선구적인 노인복지실천을 수행해 내지 못한다면 안 될 것같기에 더욱 그렇다.

1989년 처음으로 서울에 노인복지관 2개소가 개관하면서 우리나라의 노인복지관은 본격적으로 서비스실천을 하게 되었다. 이제 노인복지관의 역사는 대략 22년에 이르고 있다. 그러므로 우리나라 노인복지관은 성인이 되어 스스로 서비스를 제공할 수 있는 약관(弱冠)을 넘어서서 본격적인 노인복지실천의 성과를 산출할 수 있는 나이 30세인 이립(而立)을 향해 전진해가고 있다. 실제로 노인복지관은 우리나라의 가장 대표적인 노인복지서비스 기관으로 굳건하게 자리매김되었다. 또한 노인복지관의 서비스와 헌신적인 노력의 결과로 지역사회가 노인친화적인 환경으로 아름답게 변모해 가고 있다. 바야흐로 우리나라의 노인복지관은 국내만이 아니라 해외에서도 관심의 집중을 받는 명실상부한 노인복지실천 전문기관으로 성장하였다.

하지만 이러한 노인복지관에 대한 긍정적인 평가와 기대 및 인식이 있음에도 현재 노인복지관의 상황을 꼼꼼하게 점검해 보면 여전히 개선해야 할 측면이 많다. 예를 들어, 고령화된 사회 속에서 최근 급격하게 늘어나고 있는 서비스이용자들에 대해 양적인 서비스는 어느 정도 원활하게 수행되고 있으나 서비스개입실천의 질적 수준을 향상시켜 나가는 데에 있어서는 좀 더 분발해야 할 필요가 있다.

'화성시남부노인복지관' 의 경우도 마찬가지이다. 증가 일로에 있는 서비스이용자들에 대해 지극히 간략한 서비스 욕구만을 파악한 채, 공급자 중심의 서비스(Provider-Centered Practice)를 제공하고 있는 것이다. 현대 노인복지실천에서 당연하게 목표로 해야 하는 권리에 기반한 실천(Right-Based Practice)까지는 아니더라도 노인복지의 절대 원칙으로 받아들여지고 있는 고객중심 실천(Consumer-Centered Practice)이라는 원칙이 솔직히 엄격하게 지켜지지 못하고 있다.

노인복지관에서 나오는 노인복지실천은 서비스이용자인 어르신들을 격려하고 동기를 부여함으로써 그들이 스스로를 성장시키도록 돕는 과정이 되어야 한다. 그래서 노인복지관에서 근무하는 노인복지실천 전문가는 어르신들이 비전을 세워서 미래를 향해 나아가도록 도와야 할 책무를 가진다. 여기에서 노인복지실천은 역행적으로 과거를 돌아보는 것이 아니라 주도적으로 앞을 바라보는 것이다. 노인복지실천은 단지 재활이나 치료에 관한 것이 아니라 성장에 관한 것이다. 즉, 노인복지관의 노인복지실천은 서비스이용자인 어르신의 약점을 극복하는 데에만 초점을 맞추기보다는 어르신의 능력과 기술 그리고 힘을 기르는 데 초점을 맞추어야 한다. 그래서 노인복지관의 직원들과 어르신들은 '전문가서비스이용자' 관계보다 덜 형식적이며 대등한 두 사람 사이의 파트너십에 더 가까운 관계형성을 해야 한다. 그러므로 노인복지관의 직원들이 추구해야 할 노인복지실천의 목표는 깨어진 것을 고치는 데 있지 않고 어르신들이 이미 갖고 계신 오래된 재능을 사용하여 더 큰 효과를 낼 수 있는 새로운 재능과 새로운 방법을 발견하는 데에 있다.

그러나 여전히 노인복지관은 어르신 서비스이용자의 문제, 욕구나 권리를 면밀히 확인하고 사정하면서 동시에 어르신의 욕구에 부응하는 서비스 제공을 체계적으로 실현해 내지 못하고 있다. 노인복지관의 가용한 인력, 시설, 재원과 지역사회의 동원 가능한 인적 · 물적 자원의 범위 내에서만 서비스를 제공하는 서비스 공급자 중심의 실천을 할 수밖에 없는 상황인 것이다. 노인복지관이 서비스이용자 중심의 실천과 서비스를 제공하는 데는 인력, 시설, 재정 등의 내적 역량과 외부적 제약이 뒤따른다. 그렇지만 노인복지실천에서 서비스이용자 중심의 서비스와 실천은 반드시 지켜내어야 할 절대원칙이다. 나아가 지역사회에 거주하는 어르신들의 성공적 노후생활을 지원하는 노인복지관의 고유한 사명을 성공적으로 완수하기 위해서라도 권리에 기반한 노인복지실천은 꼭 필요하다. 이와 같은 권리에 기반한 노인복지실천은 '선택' 이 아닌 '필수' 라고 할 수 있다.

이와 같은 맥락에서 함께 일하는 직원들과 나는 '권리에 기반한 고객 중심의 노인복지실천' 을 어떻게 하면 구현해 낼 수 있을지를 끊임없이 고민하였다. 사실 학교에서 교수로만 있을 때는 피부에 와 닿지 못했는데, 노인복지관 관장으로서 막상 현장에 나와 보니 노인복지실천 전문가들이 엄청난 격무에 시달리고 있음을 알게 되었다. 솔직히 자신의 업무와 현장에 대해 고민할 여유조차 없었던 것이다. 과거 교수가 되기 전에 모 사회복지법인의 사무국장으로 일할 때, 늘 부딪혀 왔었던 위기감이 있었다. '이렇게 일만 하다가 완전히 내 머리가 돌이 되는 것 아닌가? 라는 생각이었는데, 10여 년이 지난 지금, 거의 유사한 느낌을 갖게 된 것이다. 어떻게 해야 할지를 골몰하다가 공부를 해야겠다고 결론내렸다.

이에 따라 현재 노인복지실천 현장에서 가장 큰 이슈가 되는 주제들을 대략 10~15가지 정도로 압축하여 선정했고, 이들 주제들과 관련된 각종 책들과 자료들, 국내외 학술논문 등을 섭렵해 나갔다. 그러던 중 얼마 후에는 나는 다시 학교로 돌아가야 하고, 진짜 공부해야 할 사람들은 평생 노인복지관에서 일해야 할 사무국장을 비롯한 직원들이라는 생각이 불현듯 들었다. 더욱이 교수이면서 관장인 내가 직원들을 섬길 수 있는 일도 공부시켜서 이들을 잘 성장하도록 지원하는 것이라는 생각도 들었다. 그래서 이와 같은 소중한 학습의 경험을 사랑하고 아끼는 직원들과 함께 나누고 싶어졌다.

하지만 또 한편으로는 노인복지관의 일이 만만치 않은데, 근무 이외의 시간을 직원들에게 공부하라고 하는 것은 자칫 직원들에게는 또 하나의 과중한 부담이지 않을까라는 우려도 있었다. 그러나 노인복지실천 전문가는 연구적 · 실천적 삶을 살아야 한다는 소신이 있었기에 우선적으로는 전 직원이 아닌, 원하는 직원부터 먼저 자발적으로 공부하는 시간을 갖게끔 유도하였다. 그러다보니 자연스럽게 관심 있는 주제별로 삼삼오오 직원들이 모여서 마침내 공부하기 시작하였다.

앎을 중요시하되, 앎에만 매몰되지 않고, 앎을 실현하는 행동적 삶을 살아야 하고, 이런 삶을 살기 위해서는 배우고 훈련받아야 한다는 관장의 말에 귀를 기울이고 따르는 직원들을 보면서 '화성시남부노인복지관' 이 국내 최고의 노인복지관이 될 수 있겠다는 자신감이 생겼다. 또한 처음에는 힘들었지만 시간이 흐르면서 연구적 · 실천적 삶을 사는 몸, 즉 '공부하는 몸이면서 동시에 실천하는 몸' 을 만들어가는 직원들이 자랑스러웠다.

이렇게 '한 번 두 번' 자주 만나고 함께 공부하다 보니 어느새 자료가 되기 시작하였다. 그러다가 직원들 중 한 친구가 "관장님, 이거 책으로 내면 어떨까요?" 라고 하였다. 가만히 생각해 보니 급격하게 확장된 노인복지실천 현장에 비해 막상 실무자들에게 도움이 될 만한 구체적이면서도 정리된 노인복지실천 지침이나 관련 자료들이 턱없이 부족한 것은 사실이었다. '그래 이 참에 책으로 만들어 볼 까?' 라는 마음이 생겼다. 그리고 언젠가 일본에 갔을 때, 문고판 크기로 주요 사회복지 이슈들을 시리즈로 출간한 책들을 본 기억도 났다.

〈노인복지 총서〉 시리즈는 이렇게 해서 세상에 나오게 되었다.

그러나 막상 책이 나오기까지는 상당한 고충이 있었다. 현장 실무자들이 책을 쓴다는 것은 상당한 노력이 요구되었다. 글을 쓰는 훈련의 과정은 자연스럽게 많은 시간이 소요되었다. 많은 에너지를 쏟았으나 직원들이 쓴 초고들은 간신히 대학원 석사과정에서 볼 수 있는 레포트 수준이었다. 애초의 계획은 집필한 직원들이 저자로 등재하고, 나는 감수를 하려고 하였으나 자연스럽게 내가 여러 부분에 개입하게 되었다. 즉, 직원들의 원고를 꼼꼼히 읽고 다듬으면서 단행본의 형태와 수준으로 만들어내는 작업을 수행하였다. 이것은 결코 쉬운 일이 아니었다. 그러나 직원들이 열정적으로 노력하고, 동시에 그들이 멋지게 성장해 가는 경험을 수시로 할 수 있었기에 이 모든 작업이 가능했다고 본다. 솔직한 심정은 아마도 무엇인가에 단단히 홀린 듯 싶다. 이렇게 힘든 작업인 줄 알았더라면 시작도 하지 않았을 텐데 '무식하면 용감하다' 고 덜컥 이 커다란 작업을 추진했던 것 같다. 하여간 관장이 고생했다며 나를 대표저자로 하라 해서 이번 3권의 총서에는 내 이름을 올리게 되었다. 하지만 이번에 큰 경험을 하였으므로 향후에는 직원들이 저자가 되어 책을 쓰고, 출간하게 될 것이다. 그 때에는 진짜 내게 '감수' 정도를 부탁하지 않을까 싶다. 혹은 '감수' 조차도 해달라고 요청하지 않을지도 모르겠다. 그래도 좋다. 사실 그랬으면 좋겠다. 그만큼 직원들이 성장한 것이니까 말이다.

책의 수준이야 어찌되었건 책이 되어 그 결과물이 눈앞의 현실로 나타나게 되니까 정말 감사한 마음으로 가슴이 벅차오른다. 무엇보다도 감사한 것은 이 '총서' 작업을 사랑하는 직원들과 함께 할 수 있었다는 것이다. 국내 최초로 사회복지 교육을 실시한 강남대학교와 동아시아 최고의 복지 거점 도시로 성장해 나가고 있는 화성시가 손잡고 함께 운영하는 '화성시남부노인복지관' 의 우수한 인재들과 밤낮없이 투지를 불태우며 애썼던 그 모든 연구와 집필 과정이 결과적으로는 관장과 직원 모두 성장하는 계기가 되었다고 본다. 뿐만 아니라 현장 실무자들도 자신의 분야를 연구하고 임상적으로 경험한 내용을 담아 노인복지 발전에 이바지하는 소중한 자료를 출간할 수 있음을 보여주었다는 것도 뿌듯하다. 나아가 우리가 쓴 책의 내용이 우리가 몸담고 있는 '화성시남부노인복지관' 에서만이 아니라 다른 여러 노인복지관들에서도 활용할 수 있을 것이라는 확신이 드는 것도 큰 기쁨이다.

끝으로 본 총서 시리즈(1~3권)가 나오는데 공동 저자로 수고해 준 여러 직원들에게 고마운 마음을 전한다. 특별히 이 모든 과정에서 출판사와의 연락, 각 필진들 간의 소통, 교정과 교열 등 많은 일들을 헌신적으로 도맡아 준 임은화 과장과 이현아 선생의 노고는 아무리 치하해도 부족함이 없을 것으로 본다. 또한 예정된 원고 마감시간을 훌쩍 넘긴 채, 원고를 드리면서도 출간 날짜는 복지관 개관 3주년에 맞춰 달라고 떼쓰는 몰염치함에도 다 이해해 주시고, 본 총서를 이토록 멋진 책으로 만들어 주신 도서출판 파란마음 황호철 사장님과 직원 여러분께도 큰 감사를 드린다.

이 모든 것을 가능케 하신 하나님과 우리의 고객이신 어르신들께 진심으로 감사드린다.

2011년 9월 19일
화성시남부노인복지관에서
대표저자 이준우

# 차례


• 머리말 ··· 3

제1장 소통의 노년, 문자의 시대에서 생존하라 ··· 13

1. 정보화된 현대사회와 문자의 중요성 ··· 15
2. 문자의 혜택에서 소외된 노인들 ··· 22
3. 문해교육의 욕구 ··· 26
4. 문해교육의 필요성 ··· 29

제2장 꿈꾸는 노년, 문해교육부터 시작하라 ··· 35

1. 문해의 개념 ··· 37
2. 문해교육의 의의 ··· 43
3. 문해접근 모형 ··· 45
4. 문해교육의 현황 ··· 49
5. 문해교육 관련법 ··· 55
6. 외국 문해교육 사업 및 정책 ··· 58

제3장 노후를 슬퍼하거나 노여워말고 즐겨라 ··· 67

1. 무학 노인 역량강화 '검정고무신' ··· 69
2. 청각장애인의 배움터 '늘 푸른 교실' ··· 96

제4장 노인문해교육 지원사업 미래를 예측하라 ··· 117

1. 노인문해교육의 발전 방안 ··· 119

부록 ······ 123

1. 문자해득교육 관련 조항 ······ 125
2. 문해교육사 자격증 ······ 130
3. 2011년 성인문해교육 지원사업 선정기관 현황 ······ 133

• 참고문헌 ······ 151

# 제1장

# 소통의 노년, 문자의 시대에서 생존하라

1_ 정보화된 현대사회와 문자의 중요성
2_ 문자의 혜택에서 소외된 노인들
3_ 문해교육의 욕구
4_ 문해교육의 필요성

석기 시대….

한 사람이 돌 위에 무엇인가 긁적거리고 있다.

이것을 본 다른 사람들이 신기한 듯이 묻는다.

"당신, 무얼 하고 있는 거야?"

"나는 지금 글자를 발명했어!"

"그래? 글자를 발명했다구? 대단한 일을 했구나."

잠시 뒤에,

"그런데 당신 때문에 우리가 문맹이 되었잖아!"

*이 글은 김신일(1990), '비문해의 개인적 요인과 사회적 요인' 《문해교육연구 제1집》에 실린 만화 한 편의 내용 중에서 글만 소개한 것이다.

# 1 정보화된 현대사회와 문자의 중요성

21세기는 지식정보화 시대이다. 급속한 변화가 일상화되고, 엄청난 양의 정보를 활용하는 능력이 삶의 필수적인 조건이 되는 것은 지식정보화 시대의 가장 큰 특성이다. 그래서 노인들도 젊은 세대와 마찬가지로 지식정보화에 적응해야 할 뿐만 아니라 정보를 마음껏 이용하고 즐기고 누릴 수 있는 능력을 함양해야 한다. 이를 위해 노인들은 과거 어느 때보다 정보화와 관련된 전문적이고 특성화된 교육을 받아야 할 뿐만 아니라 폭넓은 정보 활용 능력을 갖추어야 할 필요성이 높아지고 있다.

그러나 우리나라의 노인은 근대사의 암울한 현실 상황 속에서 대부분 어린 시절을 빈곤하게 보냈었고, 성(性)과 신분에 따른 교육기회의 차별이 극심했던 조선말기와 일제 강점기에 성장기를 보냈다(윤복남, 2001). 뿐만 아니라 6.25 전쟁과 같은 엄청난 민족적 시련기를 거쳐야 했기에 적절한 공식교육을 받기가 매우 어려웠던 것으로 판단된다. 그 결과 65세 이상 노인 중에서 공식적 교육을 전혀 받지 못한 노인은 40%, 문자를 해독할 수 없는 문맹 노인(비문해)이 19%이며, 그 중에서 여성 노인의 문해율(비문해)은 28%에 달하고 있다(한국문해교육협회, 2005).

21세기 이전의 농경사회나 근대 산업사회에서는 글을 몰라도 육체적 노동을 통해서 충분히 사회에 적응하며 살아갈 수 있었으나 정보화된 현대사회에서는 문자를 알지 못하면 일상생활 자체가 힘들 수밖에 없다. 즉, 과거 전통사회에서는 언어를 사용하는 데 있어 구두언어가 일반적으로 통용되었으며, 문자언어는 제한된 범위의 영역에서 소수의 특권층이나 사회 엘리트 집단이 주로 사용하였다. 이러한 사회에서 사회구성원들에게 문자해득 능력이나 문자활용 능력은 필수적인 조건이 되지는 않았다.

하지만 현대 산업사회에서는 문자생활이 지배하는 영역이 매우 확대되고, 사회구조가 가정생활, 사회생활, 문화생활의 장(場)에서도 광범위한 문자생활의 활용을 요구하고 있다. 즉, 단순히 문자를 읽고 쓰는 기초 능력만으로는 사회성원으로서의 역할을 수행하는 데 커다란 장애가 되며, 정치 · 경제 · 사회 · 문화 등 사회전반에 걸친 부분에서 필요로 하는 능력은 과거의 전통사회와는 다르다고 할 수 있다. 다시 말해 현대 산업사회에서는 단순한 문자 해득을 벗어나 삶의 영역에서 요청되는 지식과 기능을 익혀 활용하는 수단으로서의 기능을 문자가 수행하게 된 것이다. 이에 따라 문자는 매우 중요한 사회적응 기제인 동시에 생존을 위한 필수적인 도구가 되었으며, 그 결과 문자를 읽고 쓸 줄 아는 능력을 갖추는 것은 현대인에게 보장되어야 할 가장 기본적인 인간의 권리로 간주된다. 이러한 의미에서 지식을 기반으로 하는 현 시대를 살아가는 노인들에게는 빠르게 변화하는 사회를 이해하고 적응하기 위한 지식의 습득, 축적, 활용이 가능한 일정 수준의 문자해득 능력이 필수적으로 요구된다.

실제로 지식을 기반으로 하는 현대사회는 과거의 전통사회와는 달리 일상생활에서 문자 사용이 확대되고, 문자생활의 수준도 크게 향상되고 있다. 일상생활에서 문자를 해석하는 능력은 단순히 글자를 아느냐 모르느냐의 차이가 아니라 생활과 직결되어 문자를 읽는 것을 넘어 세상을 읽는 것이고, 문화를 이해하는 것이라 할 수 있다. 이렇게 현 시대에 펼쳐진 문자 중심의 문화로 인해 일상에서 통용되고 있는 대부분의 정보와 지식들이 문자로 이루어져 일상생활에서 널리 소통되고 있다. 따라서 문자 문화, 정보화, 지식 등이 토대가 되어 구성된 현대사회에서는 어느 누구라도 글을 모르면 생활에서 많은 불편과 어려움을 겪을 수밖에 없고, 새로운 정보를 습득하는 데에도 많은 장애를 경험하게 된다(허정무, 2002).

우리 주변에서 문자를 해득할 수 없는 노인들이 일상생활에 많은 어려움을 겪게 되는경우를 쉽게 접할 수 있다. 가령 가전제품이 고장났을 경우에 영어와 숫자가 섞여 있는 가전제품 모델명을 읽을 줄 몰라 애프터서비스(AS)를 받지 못하고 결국에는 손으로 빨래를 하기도 한다. 또 하나의 사례는 택배로 도착한 물건이나 등기물이 왔을 때 자신의 이름을 쓸 줄 몰라 사인을 하지 못하는 경우이다(만희, 2006). 뿐만 아니라 은행이나 관공서에 가서도 글자를 모르기 때문에 민원처리를 타인에게 부탁할 수밖에 없는 일도 있다. 그리고 전화 도중에 메모를 할 줄 몰라 전화벨이 울리면 끊어버리거나 타인에게 부탁해야 하는 등 많은 어려움을 경험하게 된다. 특히 노인들이 가장 많이 이용하는 병원에서 인적사항을 작성할 경우, 노인복지관을 이용할 때에 게시판에 부착되어 있는 사업 안내와 수강 프로그램의 접수 시기 등을 모르고 지나갈 수도 있다. 이처럼 모든 생활영역에서 문자를 사용하는 일이 빈번해지면서 문자는 생활적응을 위해서 필수적인 의사소통의 수단이며, 사용하는 문자의 수준도 점점 높아져 사용하는 어휘량도 크게 증가하고 있다.

이에 따라 급변하는 현대사회에서 노인이 잘 적응하며 살아가기 위해서는 지식정보화에 부응하는 교육이 요구된다. 하지만 글을 익히지 못해 일상생활에 불편함을 느끼며, 사회나 가정의 여러 분야에서 불이익을 당하는 비문해 노인들의 삶은 정신적인 고통뿐만 아니라 스스로 자신의 가치를 부정하게 되는 심리적 불안까지 경험하게 된다. 특히 우리나라 노인 여성들의 비문해 원인은 여성을 억압하는 사회구조에서 기인한 것으로, 초기에는 개인적인 문제로 인한 학습기회의 박탈을 가져왔으나 이후에는 지속적인 사회참여가 차단되어 문자사용의 기회를 상실하게 되었다.

결국 지식정보화 시대를 살아가는 우리나라 노인의 문자사용의 제한은 일상생활을 넘어 경제적 · 정서적 · 사회적으로 많은 어려움을 느끼며 살아가도록 하는 요인이 되고 있다. 이와 같은 문자사용의 제한으로 인해 발생하는 다양한 장애요소를 살펴보며 문자 및 문해 능력 함양의 중요성을 고찰하는 것은 매우 의미 있는 작업이 될 수 있다고 본다.

### 1) 취업 참여의 제한

산업발달과 핵가족화에 따라 노인에 대한 부양의식이 약화되면서 노인들이 직면하는 가장 기본적인 문제는 경제적인 어려움이다. 수입원이 없어짐에 따라 빈곤이 심화되고, 연금제도도 아직 체계적으로 개발되지 않아 노인들에게는 취업기회를 통한 소득보장이 절실하게 필요하다.

산업화 초기에는 저임금의 값싼 노동력이 대량으로 필요하여 학력이 낮고, 한글을 몰라도 취업이 어렵지 않았지만, 현대 첨단산업화 사회로 접어들면서 전문적인 고등교육을 받은 인력을 필요로 하는 일자리가 대거 늘어나 상대적으로 비문해 노인들이 일자리를 구할 수 있는 폭이 크게 좁아졌다. 특히 비문해 노인의 경우에는 일자리를 구할 때에 글이 필요한 일인지 아닌지를 가장 우선적으로 고려하게 된다. 이처럼 문자생활이 대중화된 사회에서 노인이 글을 모른다는 것은 사회적 생존의 문제와 연결된다고 볼 수 있다.

사람들은 자신이 하고 있는 일에서 성취감을 느끼고, 발전가능성과 비전이 보일 때 그 일에 더 열정적으로 매달릴 수 있다. 그러나 비문해 노인들은 한글을 잘 모르기 때문에 자신이 할 수 있는 한계를 미리 정해 놓고, 그 이상의 단계까지 나아가려고 하지 않는다. 또한 비문해 노인들은 항상 자신감이 없고, 현실적으로도 많은 어려움과 좌절을 겪기 때문에 일을 통한 성취감이나 의욕을 갖기가 어렵다. 그래서 노인들을 위해 보건복지부와 한국노인인력개발원에서 실시하는 '노인일자리사업'에도 참여하지 못하는 경우가 빈번하다. 문해 능력을 갖추지 못했을 경우에 노인일자리사업으로 개발된 많은 일터가 주어져 있어도 실제로 참여하기에는 어려움이 있다. 따라서 자연스럽게 노인일자리사업에 배제되는 경우가 흔하다고 할 수 있다.

### 2) 생명 위협의 요인

비문해 노인들은 일상생활에서 개인적 수치심과 열등감 때문에 다른 사람들에게 자신이 비문해자라는 사실을 필사적으로 숨기며 살아갈 수도 있다. 그러나 현대사회에서 문자생활이 대중화되면서 비문해자라는 사실을 숨겨야 하는 것은 결코 쉬운 일이 아니다. 자신이 비문해자라는 이유로 우울, 답답, 불안과 자기비하, 자존감 상실 등의 불안정한 심리적 특성을 보이며, 심지어 때때로는 자살 충동을 느끼기도 한다.

현대사회에서 문자를 사용할 수 없다는 것은 가장 기본적인 생활조건을 갖추지 못한 것이나 마찬가지라서 일상생활을 하는 데 있어 많은 어려움이 있다. 문자를 읽거나 쓰지 못하는 문해 능력은 생활의 불편함을 감수하는 차원을 벗어나 생명까지도 위협받게 된다. 한 예로 농촌에서 농사일을 하던 할머니가 마루 위에 놓여져 있는 농약을 드링크제로 잘못 알고 마셨다가 숨지는 사고가 있었다. 이와 같이 비문해 노인은 생활의 불편함을 넘어 생명의 위협 요소가 되고 있다.

### 3) 손자녀 양육의 어려움

최근 여성의 사회적 진출과 가족 해체, 이혼 등으로 손자녀에 대한 조부모의 직접적인 양육이 크게 늘어나고 있다. 이 때문에 노년기를 '빈 둥지(empty nest)' 시기가 아니라 '가득 찬 둥지(crowd nest)' 시기로 표현한다. 이는 자녀와 함께 살거나 근거리에 살면서 낮 시간 동안 손자녀를 맡아서 돌보는 경우를 말하며, 농촌이나 도시의 독거 노인이 손자녀를 맡아서 양육하는 조손가정이 늘고 있음을 표현한 것이다.

실제로 여성의 취업 증가로 맞벌이 부부가 증가하면서 자녀양육의 부담이 조부모 세대에게로 이전되고, 가족해체와 경제적인 어려움으로 인해 자녀를 돌보기가 어려워졌을 때의 대안도 조부모가 된다. 이는 조부모는 가족위기에 처했을 때에 부모가 자녀에게 제공해 주지 못하는 유대감까지도 대신해 주고 있다. 여러 부정적인 변화로 인한 충격을 완화해 주는 가족체계로서 역할을 노인인 조부모가 감당하게 된다(이정화 · 한경혜, 2008).

그런데 조부모의 손자녀 돌봄은 손자녀가 한글이나 책에 관심을 보이는 서너 살부터 학습지도가 필요한 초등학교 시기까지가 대부분이다. 바로 여기에서 비문해 노인들은 많은 좌절과 자기비하, 답답함 등의 심리적 고통을 겪는다. 손자녀 교육에 있어서 학습지도를 해주고 싶어도 한글조차 모르기 때문에 학습지도를 해줄 수 없는 노인들은 많은 스트레스를 경험하게 된다.

### 4) 불평등한 부부관계

부부관계는 수평적 관계를 바탕으로 서로 상호작용하여 인간적으로 성숙하고 발전되는 관계로(김혜련, 1993), 대부분 양성평등을 기초로 한 역할 수행관계에 의해 성립이 되지만 한글을 모르기 때문에 '부모-자식' 간의 역할 수행을 제대로 할 수 없는 비문해자들은 전적으로 배우자에게 의존할 수밖에 없었다.

심지어 문해 능력이 현저히 떨어지는 여성들은 결혼 후에 아내와 엄마 노릇을 잘 할 자신이 없기 때문에 결혼 자체를 두려워하는 경향이 있다. 결혼생활을 몇 년 하다보면 한글을 잘 몰라서 처리할 수 없는 일들이 자주 발생하므로 비문해 사실을 아무리 감추려고 해도 남편에게 들키지 않을 수 없다. 그러나 배우자의 비문해 사실이 아내와 남편의 권력관계에서 어떤 다른 양상으로 나타나는지를 비문해 남성의 경험과 비교해보면, 아내의 비문해는 가정 내에서 문해 남편의 권력을 증대시키는 자원이 되지만, 남편의 비문해는 문해 아내의 권력 증대에 영향을 미치는 자원으로 작용하지 않음을 볼 수 있다(백종주, 2002).

즉, 대부분의 비문해 여성의 경우에는 배우자와의 관계에서도 동등한 입장보다는 상하 주종관계로 전락되기 쉬우며, 자신의 권리와 주장을 적절히 전달하지 못하는 아픔을 감수하면서도 자신의 운명으로 치부해 버린다. 하지만, 비문해 남성들은 아내로부터 감정적 · 정서적 지지는 물론 비문해에서 빨리 벗어날 수 있도록 적극적인 지지를 받는다.

이처럼 문자를 사용하는 능력은 후천적인 환경과 노력에 의해 습득되므로, 개인적 · 사회적 장애 요인에 의해서 문자해득의 기회를 놓친 구성원들은 사회적 삶을 영위하는 데 한계를 갖게 된다. 그러므로 문해교육은 현대 사회에서 평등한 삶을 영위하기 위한 인간의 기본 요건으로 인식되며, 기초 교육으로서 중요한 의미를 지닌다(황종건, 1994). 이러한 문해교육을 받지 못한 비문해 노인들은 현대사회에서 소외될 뿐만 아니라 현대 문명의 이기와 문화적 혜택을 누리기에는 너무도 많은 장애에 직면하게 된다(김진화, 2005).

따라서 문해 능력은 문자를 읽고, 쓰고 셈을 할 수 있는 능력을 넘어 변화하는 사회에서 일상생활을 영위하고 성장할 수 있는 기본적인 전제가 되는 능력을 의미한다. 또한 이는 국가의 경제 발전, 사회적 통합을 이룰 수 있는 토대가 되는 능력이라고 할 수 있다. 결국 현대사회는 시시각각 변하고 있으며, 문자 이상의 것을 요구하는 시대가 되었다. 따라서 가장 기본적인 문자학습의 기회는 누구나 보편적으로 가져야 할 권리임을 생각할 때에 노인을 대상으로 하는 문해교육은 국가적 차원에서 투자하고 노력해야 할 중요한 노인복지실천 프로그램의 하나라고 볼 수 있다.

## 2 문자의 혜택에서 소외된 노인들

경제발전이나 교육 수준이 높은 사회일수록 비문해자들은 더욱 자기들의 존재를 노출하기를 꺼리게 된다. 비문해가 일반화된 현상으로 고착된 개발도상국가의 비문해자들과 달리 전반적인 교육 수준이 높고 비문해율이 낮은 나라의 선진국 내지 선진국에 진입하려고 안간힘을 다하는 중진국의 비문해자들은 훨씬 더 큰 수치심과 창피함을 느껴 자신의 존재마저도 숨기게 된다.

우리나라에서도 전반적인 교육 수준이 향상되면서 비문해자가 없는 것으로 공식화되었기 때문에 문해 능력이 절대적으로 부족한 노인들은 그 소외 정도가 크게 심화되고 있다. 특히 우리 사회는 교육에 과다한 의미를 부여하고, 공부 잘하는 것을 다른 무엇보다도 중요하게 여기므로 비문해자들은 다른 사람들이 자신을 지적으로 열등한 사람으로 여길까봐 자기 노출을 극도로 꺼리고 있을 가능성이 높다.

분명한 사실은 우리나라에서 의무교육이 실시된 지도 40여년이 지났지만 아직도 글자를 모르는 많은 비문해자들이 일상생활에서 불편함뿐만 아니라 가정이나 사회의 여러 분야에서 불이익을 당해 문자를 모르는 것에 한탄하고 있다. 특히 배우지 못한 것을 가슴 아파하며 살아가는 우리나라의 비문해 노인들은 멀리 있는 것이 아니라 아주 가까운 우리 주변의 부모, 이웃 그리고 친척들일 수 있다.

앞서도 잠시 언급하였듯이 이러한 노인들은 민족전쟁인 6.25 사변으로 사별, 이별, 부모 잃은 고아, 이산가족 그리고 학교를 다니지 못한 불취학 등의 많은 어려움에 처하게 되었고, 그 결과 지독한 가난에 시달리게 되었다. 최선을 다하였으나 부득이하게 가난에서 벗어나지 못한 노인들은 자식들만이라도 가르치겠다는 일념으로 자녀들을 학교에 보내게 되면서 교육이 무엇인지를 알게 되었고, '아는 것이 힘이다' 라는 자각을 하였다. 그러면서도 정작 본인들은 교육받지 못하였다. 이러한 시대적 상황 속에서 특히 노인 여성들은 남성에 비해 더더욱 자기 발전을 위한 공부를 감히 엄두조차 내지 못했고, 자기가 배우지 못한 것에 대한 한(恨)을 자녀들의 성공으로 풀어보려고 하였다.

하지만 한평생 자녀 뒷바라지를 한 대가는 배운 남편과 배운 자녀들 사이에서 눈치를 보며 노심초사하며 살아갈 수밖에 없는 현실이었다. 구체적으로 예를 들면 손자 손녀들이 말하기 시작하고, 글에 대한 호기심이 생기면 "할머니, 이거 읽어주세요."라고 할까봐 자리를 피하거나, "아빠 오면 물어보자."라고 하면 "할머니는 이것도 몰라요."라며 무시할 때 죽고 싶은 심정이었을 것이며, 눈에 넣어도 안 아픈 손자 손녀에게 글 하나 가르쳐 줄 수 없는 자책감에 많이 괴로웠을 것이다. 또한 많은 노인들이 은행이나 관공서를 이용할 때에 글을 몰라 무안을 당할까봐 대필을 의뢰할 수밖에 없는 상황도 많았을 것이다. 엄밀히 말해 문해 능력의 부족은 시대적 상황과 사회적·제도적·경제적 문제로 인한 현상임에도 불구하고 비문해 여성 노인들은 마치 자신의 잘못인양 불합리성과 부정적인 요인을 겪으며 살아왔던 것이다.

1970년대 중반부터 영국, 미국, 캐나다, 프랑스, 독일 등 여러 산업 선진국에서 자국 내의 비문해자의 심각한 문제를 제기(윤복남, 1990a)하면서 비문해 문제를 해결하기 위한 다양한 정책을 추진하고 있다. 반면, 우리나라는 1964년 국가재건위원회의 해체로 국가차원의 문해교육이 사실상 막을 내린 후에 지금까지 비문해자의 문제를 전혀 거론하지 않고 있다. 우리나라의 비문해 문제는 이미 오래 전에 해소가 되었으며, 이는 저개발국가에서의 문제라는 시각이 지배적이기 때문이다.

이에 따라 교육 주무당국뿐만 아니라 사회교육계 내에서도 비문해 문제나 비문해자들에 대한 문해교육 문제는 정책적·학문적·사회적인 논의의 대상이 되지 못하였고, 전국적 규모의 비문해 실태 조사[1)]나 문해교육 전반에 관한 관심과 연구 역시 매우 부진할 수밖에 없었다.

이렇게 우리 사회가 비문해 문제에 대해 관심을 기울이지 않은 것에는 여러 가지 복합적인 이유가 작용하고 있다. 그 중에 가장 큰 원인은 해방 후 약 14년간 전국적으로 진행된 문맹퇴치운동의 결과로 대다수의 비문해자들이 문해자로 전환되었다고 생각한다는 점과 초등의무교육의 법제화로 취학연령에 해당되는 아동들의 대다수가 최소한 초등의무교육을 받았으므로 더 이상 비문해자가 양산되지 않았을 것이라는 생각이 지배적이기 때문이다.

이러한 인식은 50대 이상의 연령대에 있는 사람들은 문맹퇴치운동의 결과로 문해자가 되었을 것이고, 50대 이하의 사람들은 초등의무교육이 성공적으로 실시되었다고 평가되는 1960년도 이후에 초등학교에 취학해야 할 연령대이기 때문에 비문해자가 없을 것이라는 가정에 바탕을 두고 있다. 이러한 가정은 정부당국에서 문맹퇴치운동과 초등의무교육이 성공적으로 추진되었음을 알리는 데 급급한 나머지 문맹퇴치운동의 결과와 초등의무교육 취학률에 대한 정확한 실태조사에 근거하지 않고, 발표한 것과 무관하지 않다. 물론 실제로 문맹퇴치는 상당히 이루어졌다고 볼 수도 있다.

하지만 아직까지도 우리나라에는 일상생활에서 문자를 모르는 많은 비문해자가 있다. 2009년 성인문해교육 지원사업 참여 학습자 현황을 조사한 | 표 1-1 |에 따르면, 총 18,832명이 집계되었으며, 여성 학습자가 95.3%를 차지하였다. 이 중에 60~70대 여성층이 대다수를 차지하고 있다. 이러한 결과에 비추어 볼 때 비문해자의 대다수는 여성들이며, 또 그들 중에서도 상당수는 만 60세 이상의 여성 노인이라는 사실을 뒷받침하고 있다.

---

1) 1958년 중앙교육연구소에서 실시한 전국적 규모의 문맹조사(김종서, 1961) 이후 단 한 번도 객관적이고 체계적인 방식으로 전국민의 문해 실태 조사를 실시한 적이 없었다.

| 표 1-1 | 성인문해교육 프로그램 참여자 현황

| 연령대 | 남 | 여 | 합계 |
|---|---|---|---|
| 20대 | 209(23.5) | 731(4.1) | 940(5.0) |
| 30대 | 176(19.8) | 529(3.0) | 705(3.8) |
| 40대 | 120(13.5) | 968(5.3) | 1,088(5.8) |
| 50대 | 85(9.5) | 2,798(15.6) | 2,883(15.3) |
| 60대 | 142(16.0) | 6,659(37.1) | 6,801(36.1) |
| 70대 | 133(15.0) | 5,364(29.9) | 5,497(29.1) |
| 80대 | 24(2.7) | 894(5.0) | 918(4.9) |
| 합계 | 889(4.7) | 17,943(95.3) | 18,832(100.0) |

출처: 평생교육진흥원(2009). 성인문해교육지원사업 홍보자료집.

| 표 1-2 | 한국 국민의 성별 지역별 비취학률

| 지역 | 성별 | 총인구 수 | 비취학자 수 | 비취학자율(%) |
|---|---|---|---|---|
| 도시* | 남 | 16,784,093 | 418,004 | 2.5 |
| | 여 | 16,749,641 | 1,039,771 | 6.20 |
| 농촌** | 남 | 4,278,659 | 309,792 | 7.24 |
| | 여 | 4,356,418 | 881,785 | 20.24 |
| 계 | | 42,168,811 | 2,649,352 | 6.28 |

출처: 최윤정(2002). 무학력자 성인문해 학습과정에 관한 생애사적 연구.

*행정구역상 '동'에 해당하는 지역

**행정구역싱 '읍'과 '면'에 해당하는 지역

우리나라 국민의 성별 지역별 비취학률은 | 표 1-2 |에서 보는 것과 같이 국민 중 연령이 높은 여성일수록, 농촌 지역에 거주하는 여성일수록 충분한 학습기회를 갖지 못했다는 것을 알 수 있으며, 이러한 분석을 통해 비문해자의 대다수가 만 60세 이상의 여성 노인층에 있다는 사실을 뒷받침하고 있다.

이러한 여성 노인들의 비문해 원인은 여성을 억압하는 사회구조적 요인에서 찾을 수 있으며, 앞서 언급한 것처럼 초기에는 개인적인 문제로 인한 학습기회의 박탈을 가져오고, 이후에는 지속적인 사회참여를 차단하므로 문자사용의 기회를 상실하게 된 결과라 할 수 있다. 더욱이 문해자가 되었다가도 성인 기초교육 과정으로서의 연결이 없어 비문해 상태로 퇴행하는 경우도 많았으며, 해방 후에는 전쟁과 경제적 곤란 속에서 많은 경우가 의무교육 받을 기회를 놓쳤으며, 특히 전통적인 가치관에 의해서 많은 여성들에게 교육의 기회가 차단되었던 것이다(윤복남, 2001).

## 3 문해교육의 욕구

학습이란 학습자가 주변 환경에 참여하는 과정일 뿐만 아니라 주변 환경에 노출되면서 학습자의 행동이 변화하는 과정이기도 하다(박성익, 1998). 매슬로우(Maslow)의 욕구위계에서 보면 인간은 본능적이고 생리적인 존재의 욕구부터 자기 자신의 자아정체감을 확립하고 자아를 실현하려는 욕구에 이르기까지 다양한 형태의 욕구를 지니고 있다. 이 중에서 마지막 단계의 자아실현에 대한 욕구는 자신이 할 수 있을 때까지의 성장을 바라는 것이라고 할 수 있다. 즉, 학습하려는 동기는 내적인 것이고 학습자로부터 오는 것이라는 의미이다.

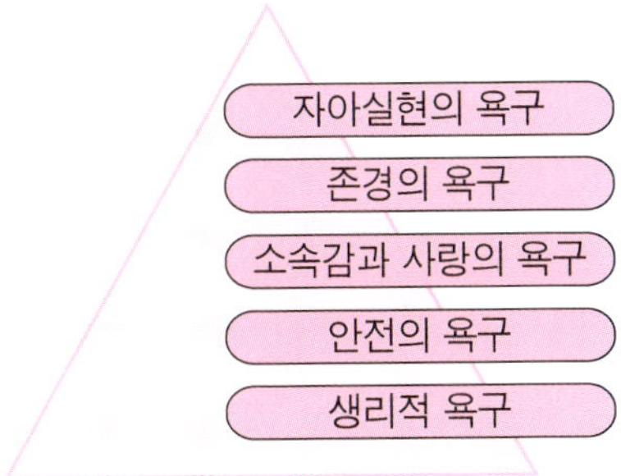


| 그림 1-1 | 매슬로우(Maslow)의 욕구위계

학습 욕구(learning needs)는 한 개인이 자신이나 조직, 사회를 위해 학습해야 하는 일로서 그가 갖고 있는 현재의 능력과 조직 및 사회에 의해서 규정되는 것의 기대수준 간의 격차나 차이를 의미한다고 볼 수 있다.

따라서 학습 욕구는 학습권의 보장과 학습권의 확립을 도모하고 싶어하는 의식이 포함되어 있다. 이에 문해교육을 위한 사회체제도 배운 사람들이 더 배울 수 있는 기회를 제공하여 자아실현과 삶의 질 향상의 구현에 그 의미를 두며, 사회의 모든 부분에서 학습을 할 수 있도록 최소한의 교육적인 책무를 수행할 수 있는 사회적 장치로서의 역할을 해야 한다. 그리고 배우지 못한 사람들을 위한 기초교육을 통하여 배운 사람과 배우지 못한 사람 간의 교육의 격차를 줄여야 한다. 진정한 교육의 평등은 기초교육의 강화와 더불어 형편이 어렵고 공부할 시기를 놓친 저소득 소외계층에게도 배움의 기회를 제공하는 것이다.

산업화와 경제발전에 힘입어 우리나라 국민들의 생활 수준이 향상되면서 숨어 있던 비문해 집단의 학습 욕구가 점차 증대되기 시작했다. 때를 같이하여 확산되기 시작한 1980년 후반의 국제 문해교육 운동의 영향과 국내 사회교육 기관 및 전문가들의 관심과 노력으로 문해교육 기관 설립과 활동이 표면화되면서 문해교육 현장이 늘어나기 시작하였다. 1988년에는 불과 10여 개의 문해교육 기관이 확인된 바 있으나 1992년 2월에는 서울, 대구, 부산에만 120여 개의 각종 문해교육 기관 및 단체로 확대되었으며, 오늘에 이르러서는 전국에 500개 이상의 문해교육 기관 및 문해교실이 존재하고 있다(이희수 외, 2002).

사실 많은 비문해자들이 문해교육의 욕구는 있으나, 기존의 사회적 틀에 얽매어 무엇을 어떻게 해야 할지 몰라 방황하고 있으며, 이러한 비문해자들의 사회참여 욕구나 자아개발에의 욕구를 실현시켜 주기 위해서 문해교육은 매우 중요하다. 그럼에도 불구하고 비문해자들은 문해교육에 대한 욕구와 동기가 높아도 스스로 정보를 습득하는 데 필수적인 문해 능력의 부족과 자신의 비문해를 숨기고 싶어하는 경향이 있기 때문에 실제로 문해교육에 참여하기를 꺼려한다(김은주, 2003).

지속적으로 언급된 대로 노인 여성의 경우에는 가족의 욕구와 자신의 욕구가 대립할 경우에 자신의 욕구를 부정하도록 사회화되어 있다. 결혼을 하면 사회적 개인으로 인식되기보다는 가족구성원으로서의 역할이 우선적으로 기대되므로(정희진, 2000) 한글을 공부해야겠다는 개인적 욕구를 앞세우기보다는 가족의 경제적 상황과 아이의 자녀교육을 우선적으로 생각하는 것이 아내와 어머니로서의 역할을 더 충실히 수행한다고 생각한다.

하지만 최근에 와서 생활 수준 및 교육 수준의 향상으로 노인 자신들의 욕구도 변화하고 있다. 경제적으로 궁핍했던 시기의 노인들은 기본적인 의식주와 관련된 생존의 욕구가 가장 큰 것이었다면, 과거에 비해 경제적으로 안정되었을 뿐만 아니라 교육 수준이나 사회적 지위도 높아져 노인들은 그 이상의 욕구를 지니고 있다.

부연하자면, 노인의 교육 욕구는 사회적으로 기대되는 바람직한 학습에 대한 능력 수준 및 상태와 현재의 능력 수준이나 상태의 차이를 뜻한다. 노인의 교육에 대한 욕구는 사회변화에서 찾을 수 있다. 즉, 학습사회의 출현, 노인들의 영향력 증대, 사회변화의 가속화, 가치관의 변화, 노인에 대한 시간의 변화, 노인의 욕구변화, 평균 수명의 연장 등의 사회변화가 노인의 교육 욕구를 증가시키고 있다. 특히 향후 노인의 경제력이 향상되면서 자신들의 건강과 자기 계발을 위하여 더 많은 관심을 갖게 될 것이다. 그와 동시에 노인들의 욕구도 변화할 것으로 전망된다. 미래의 노인들은 건강이나 안전, 안락한 삶에 대한 기본적인 욕구보다 고차원적이고도 다양한 교육적 욕구를 가질 것으로 예측된다. 문해교육은 바로 이와 같은 노인의 욕구를 충족하는 데에 가장 기초적인 조건이 된다.

## 4 문해교육의 필요성

현대 사회에서 말과 글은 개인과 개인, 개인과 집단, 집단과 집단 간 상호작용의 기본 단위이다. 우리는 말과 글을 사용해서 상대방에게 나의 의견을 전달하고, 상대방의 의견을 이해하며 소통한다. 소통을 한다는 것은 나와 타인과의 사회적 관계가 형성됨을 의미한다. 개인은 이러한 다양한 관계 맺음 속에서 주체적인 개인으로서 자기 자신에 대해 이해할 수 있다.

현대와 같은 문자 중심의 문화사회, 지식기반 사회에서 문자를 사용하는 능력, 정보를 습득하고 활용하는 능력은 후천적인 환경과 노력에 의하여 습득된다. 따라서 개인적 · 사회적 장애요인에 의해서 문자 해득의 기회를 놓친 구성원들은 사회적 삶을 영위하는 데 한계를 갖게 된다(최윤정, 2002). 한글을 몰라서 일상생활에 불편함을 겪어본 적이 없는 사람들은 비문해자들이 일상생활에서 겪는 어려움과 내

면적 고통을 경험하지 못해 상상력조차 하기 어렵다. 비문해자들은 살아가는 과정에서 부딪히게 되는 여러 가지 어려움에 직면할 때마다 한글도 모른다는 자기 확인 과정을 끊임없이 겪곤 하는데, 이러한 자기 확인 과정 속에서 이들은 가족과 세상에 대한 주눅듦을 경험하게 되며, 자신의 존재를 무가치하게 인식하는 자기비하 심정을 가지게 됨으로써 자존감이 상실된다.

여기서 문해교육은 한 개인이 원만한 사회적 삶을 영위하는 데 기능함을 알 수 있다. 한편, 문해 능력을 습득한다는 것은 글을 읽고, 쓰고, 말하는 것 이상의 창조적 과정을 지향한다. 문해 능력을 전제로 하여 자신의 생각, 주장, 권리를 밝힐 수 있고, 이를 바탕으로 기존의 것들을 창조적으로 수용하고 재창조해낼 수 있기 때문이다.

문해 능력을 습득한다는 것은 사회적 삶을 영위하기 위하여, 그리고 주체적인 개인으로 성장하기 위해서 필수적으로 요청된다. 그러나 과거 우리나라에서 문해 능력을 습득하는 문제는 개인의 희망과는 무관하게 결정된 경우가 많았다. 즉, 오랜 식민지 통치와 6.25 전쟁 등을 거치면서 의무교육의 기회를 자의(自意)가 아닌 타의(他意)에 의해 놓친 이들이 오늘날 비문해자로 살아가고 있다.

이와 관련하여 김신일(1990)은 비문해자가 되는 원인에 구어문화와 구분되는 문자문화의 특성, 사회 경제적 구조, 사회정책 등의 사회적 요인이 밀접하게 관련된다고 밝히고 있다. 이처럼 사회의 변화, 그로 인한 구조적인 한계 속에서 비문해 문제가 발생했음에도 불구하고 문해교육은 지금껏 개인이 해결해야 할 문제로 치부되어 왔다. 그러나 비문해가 개인적인 요인이 아니라 사회적 배경에서 발생하였기 때문에 현재의 비문해자 문제는 사회적 책임을 물을 수밖에 없으며, 따라서 국가와 지역사회가 책무성을 갖고 함께 해결해야 할 것이다.

이에 따라 문해교육은 학습권 보장이라는 인권의 차원에서 가장 먼저 생각해 보게 된다. 문해 능력은 다른 무엇보다도 우선되어야 할 인간의 기본적 권리이며 국민의 기본권이다. 즉, 우리나라 헌법 제31조 1항에는 '모든 국민은 능력에 따라 균등하게 교육받을 권리가 있다' 고 규정하고 있으며, 평생학습권 제3조에서도 모든 국민은 평생에 걸쳐 교육받을 권리를 명시하고 있다. 동법 교육기회균등 제4조에서는 '모든 국민은 성별, 종교, 사회적 신분, 경제적 지위 또는 신체적인 조건 등을 이유로 교육에 있어서 차별을 받지 아니한다' 고 규정하고 있으며 동법 8조 2항에서도 '6년의 초등교육과정과 3년의 중등교육의 의무교육을 가질 권리를 가진다' 라고 언급해 국가의 책무성을 강조하고 있다. 문해교육은 다른 어떤 교육보다 우선되어야 할 인간의 기본적인 권리이며 국민의 기본권이다.

특히 2007년 12월 평생교육법 개정으로 문해교육 실시와 학력 인정에 관한 법적 근거가 마련되었다. 평생교육법은 문해교육 관련 조항을 포함함으로써, 최초로 문해 교육 실체를 제도적으로 인정하고 있을 뿐 아니라 문해교육에 대한 지원과 문해교육 학습 경험에 대한 학력인정에 관련된 제도 및 정책 내용을 담고 있다. 이에 따라 노인의 문해 및 기초교육에 대한 국가 · 지자체의 행정적 · 재정적 지원이 법적으로 가능하게 되어 이를 통해 사회적 약자인 노인의 기초 능력 향상과 문해교육의 기반이 확대될 것으로 보인다(허준, 2008).

오늘날 문해는 평생교육이 추구하는 가치와 더불어 사회적 결속력 제고, 민주시민 역량함양의 기초가 된다는 점에서 문해교육은 평생교육의 기초이자 핵심으로 평생교육의 출발점으로 자리매김되어야 한다. 따라서 문해교육은 세상에 부끄러운 배움을 드러내는 것이 아니라 세상에 국민의 권리를 실현하는 실천 중 하나이다.

결국 지식정보화 사회에서는 문자 생활에 필요한 이해력과 더불어 지식과 정보에 대한 분석력과 추론 능력을 필요로 하고 있으며, 지식을 통해 새로운 지식을 창출할 수 있는 능력이 개인과 사회의 생존에 핵심적인 요소가 되었다. 이에 따라 문해 능력의 중요성이 개인과 국가 차원에서 모두 중요한 과제가 되고 있다. 개인은 경제를 이해하고 급속히 변화하는 사회에 적응하기 위해서라도 지식을 습득, 축적

하고 활용할 수 있는 일정 수준 이상의 문해 능력을 갖춰야 한다.

또 다시 말하지만 비문해 노인의 경우에는 학습기회의 박탈과 지속적인 사회참여 차단, 문자사용 기회의 상실로 빈약한 삶을 넘어 인간 이하의 삶을 살고 있다고 해도 과언이 아니다. 자신의 가족뿐 아니라 자신이 속해 있는 지역사회 안에서 문화적인 접촉이나 실질적인 사회 참여가 어렵고 외부와의 의미 있는 접촉이 단절된 상태에까지 이르게 된다.

따라서 소외계층 중에서도 가장 소외된 계층인 글을 모르는 노인들을 위한 문해교육과 교육 복지에 대한 관심이 시급히 요청된다. 교육에 있어 필수적인 것이 문자의 활용이라 할 때에 교육의 가장 기본이라 할 수 있는 한글을 읽고 쓰는 데에 문제를 가지고 있는 비문해 노인들에게 문해교육은 절실하게 필요한 일이다. 더욱이 노인을 대상으로 하는 문해교육은 단순한 문자 습득이 아니라 문자 습득 과정을 통하여 자신의 삶을 충족시키고 삶의 질을 향상시키는 데 도움을 주는 교육이라 할 수 있다. 그러므로 노인의 삶의 질 향상을 위한 노인 문해 교실이 더욱 더 활성화되어야 하고, 교육복지로서 노인 문해에 대한 지속적인 관심과 적극적인 정책 개발의 필요성이 요구된다(김정옥, 2008).

### TIP 한글교육 잠재수요 260만 명…성인인구 7%

2008년 국립국어원의 국민 기초 문해력 조사결과에 따르면 문장 이해 능력이 거의 없는 19세 이상 인구는 전체의 7%인 약 260만 명에 달하는 것으로 추정된다. 이 가운데 읽고 쓰는 능력이 전혀 없는 비문해자가 62만 명(1.7%), 낱글자나 단어를 읽을 수 있지만 문장 이해 능력이 거의 없는 반문해자는 198만 명(5.3%)으로 분류된다. 교육과학기술부는 초등학교를 아예 안 다녔거나 중퇴해 초등교육이 필요한 성인이 207만 여 명에 달하는 것으로 추산했다.

출처: 연합뉴스(2010. 10. 7.). '한글 못깨친 한 푼다', 문해교육 인정체계구축.

### TIP 대한민국 헌법

제11조

"모든 국민은 정치 · 경제 · 사회 · 문화적 생활의 모든 영역 있어서 차별을 받지 아니한다."

제31조 1항

"모든 국민은 능력에 따라 균등하게 교육받을 권리가 있다."

# 제2장

# 꿈꾸는 노년, 문해교육부터 시작하라

1_ 문해의 개념
2_ 문해교육의 의의
3_ 문해접근 모형
4_ 문해교육의 현황
5_ 문해교육 관련법
6_ 외국 문해교육 사업 및 정책

1930년대 초 문맹자를 계몽하기 위하여 보급된 노래인 '문맹타파가(文盲打破歌)'는 동아일보사가 주최한 제1회 브나로드 운동과 함께 조선어학회(朝鮮語學會)를 중심으로 한글강습회를 개최하게끔 영향을 미쳤다. 동아일보사와 조선어학회에 소속된 선구자들은 1931년 7월 25일부터 8월 8일까지 각 지방을 순회하면서 한글강습과 함께 어린이들에게 '문맹타파가'라는 노래로 글자를 풀어서 한글을 쉽게 깨우칠 수 있도록 하였는데, 노래의 내용은 다음과 같다.

1. 귀 있고 못 들으면 귀머거리요, 입 가지고 말 못하면 벙어리라지
   눈 뜨고도 못 보는 글의 소경은 소경에다 귀머거리 또 벙어리라

2. 듣는 대신 보란 글을 보도 못하니 귀머거리 이 아니고 그 무엇이뇨
   말하듯이 써낸 글을 쓰도 못하니 벙어리가 이 아니고 그 무엇이뇨

3. 낫 놓고 'ㄱ' 자를 누가 모르리 창앳등 'ㄴ' 은 절로 아리라
   자 들고 세로 재면 'ㅣ' 자가 되고 홍두깨 가로 놓으면 'ㅡ' 자가 되네

출처: 네이버 지식사전(http://terms.naver.com).

*위 노래는 1935년 초까지 문자보급운동과 함께 활발히 전파되다가, 1935년 일제 총독부의 문자보급운동 중지령으로 언론기관의 운동이 중단되면서 자연 소멸되었다.

# 1 문해의 개념

문해나 문자해득이라는 말은 문자를 읽고 쓸 수 있는 것이나 그러한 것을 할 수 있는 능력을 의미한다. 우리가 흔히 알고 있고, 일반적으로 사용하고 있는 문맹이란 개념은 단순히 문자를 쓰고 읽지 못하는 문자해득 능력이 결여된 것을 의미한다. 이에 문해란 문자해득 능력이 없는 상태나 문화를 이해할 수 있는 능력이 없는 상태를 말한다. 과거에는 문자를 해득하지 못하는 사람을 '문맹' 또는 '문맹자'라고 했으나 이는 글을 읽고 쓰지 못하는 장님이라는 뜻에서 사용되었고, '맹'이라는 단어에서 주는 어감은 아무 것도 할 수 없는 무능한 사람을 뜻한다고 생각하여 1998년 가을 문해교육 관련자들의 모임에서 '문해교육'이라는 단어를 쓰도록 협의하여 결정하였다. 또한 문해교육을 받을 대상자에 대해서는 '비문해자'라고 하는 낱말을 사용하기로 하여 지금까지 사용되고 있다(허준, 2008).

현대에 와서는 '문해'의 개념과 기준도 변화하고 있다. 과거에는 단순한 문자의 해득 능력(이름 '석 자' 쓸 정도, 간단한 편지를 읽을 수 있는 정도)이나 읽기, 쓰기, 셈하기 능력의 수준을 '문해'라고 보았다. 하지만 최근 OECD에서 개발한 국제 성인 문해조사(IALS)에 의하면 점차 '문해'의 기준이 높아져 자기가 속하고 있는 일상적인 활동, 가정, 직장, 지역사회에서 문서화된 정보를 이해하고 활용할 수 있는 능력을 말한다고 정의한다(이희수 외, 2001).

더욱이 한국교육개발원(2002)은 '문해'의 측정영역을 '산문 문해(prose literacy)', '문서 문해(document literacy)', '수량 문해(quantity literacy)'의 세 영역으로 분류함으로써 문해의 개념을 매우 구체적으로 정리하고자 시도하였다.

| 표 2-1 | 문해의 영역

| 영역 | 내용 |
|---|---|
| 산문 문해 | • 논설, 기사, 시, 소설을 포함하는 텍스트 정보를 이해하고 사용하는 데 필요한 지식과 기술 |
| 문서 문해 | • 구직원서, 급여양식, 대중교통시간표, 지도, 표, 그래프 등 다양한 형태의 문서에 포함되어 있는 정보를 찾고 사용하는 데 필요한 지식과 기술 |
| 수량 문해 | • 금전출납, 팁계산, 주문양식완성, 대출이자 계산 등 인쇄된 자료에 포함된 숫자를 계산하거나 수학 공식을 적용하는 데 필요한 지식과 기술 |

출처: 한국교육개발원(2002). 한국 성인의 비문해 실태조사 연구.

또한 '문해' 의 개념은 역사적으로 '서명 단계 → 암송 단계 → 이해 단계 → 분석 단계' 인 네 단계로 발전해 왔다. '서명 단계(signature stage)' 란 문서에 자신의 이름을 쓰는 것이고, '암송 단계(recitation stage)' 는 익숙한 책과 정보를 읽을 수 있고, 어떤 부분이든지 읽은 내용에 대한 이해 여부와는 상관없이 외워서 암송할 수 있는 능력을 말한다. 세 번째 단계는 '이해 단계(comprehension stage)' 로 읽을 수 있어야 하며, 익숙하지 않은 자료도 상당히 문어적인 방식으로 이해하는 것까지 포함한다. 마지막 단계인 '분석 단계(analysis stage)' 는 낯선 자료를 이해하며 읽고, 그것을 분석할 뿐만 아니라 그로부터 추론을 이끌어내는 것까지 포함한다(김종천, 2006).

이렇게 시대가 변하면서 문해, 비문해의 개념과 기준은 시대와 각 국가, 사회환경의 변화에 따라 계속적으로 변화되어 왔고, 지속적으로 변화하고 있다. 특히 문화가 발달하고 사회구조가 복잡해진 현대 산업사회로 이행해오면서 비문해의 범주는 여러 단계로 나누어지고 있으며, 문해의 개념과 기준도 변화되고 있는 것이다. 결국 문해, 비문해의 개념은 고정적인 것이 아니라 사회와 개인의 변화와 발전 정도에 따라 변화되고 확산되어 나가고 있는 가변적인 개념이라 할 수 있다.

현대사회에서는 적어도 오늘의 일간 신문을 불편 없이 읽을 수 있고, 문장으로 자기의사를 표현할 수 있어야 한다. 즉, 앞으로 문해교육의 기준은 적어도 초등학교나 중학교 졸업 정도의 수준으로 변화될 것으로 예상된다.

따라서 '문해' 의 수준은 글을 통하여 정보를 얻고 의사를 교환할 수 있는 능력으로 의사소통(예 읽기, 쓰기, 셈하기) 하는 데 지장이 없는 것을 의미한다. 이처럼 '문해' 는 인간생활을 영위하기 위해서 가장 기초적으로 알고 있어야 할 능력으로 단순히 글자를 '알고 모르고' 의 개념을 뛰어넘어 일상생활과 직결된다. 즉, 문자교육을 매개로 한 문해교육은 단순히 문자(word)를 읽는 것을 넘어서 세상(world)을 읽는 것(고순철, 1996)이고, 문화의 이해(황종건, 1990)라고 할 수 있다. 현대의 문자 중심의 문화 시대에서 사용되는 대부분의 정보 및 지식들은 문자로 구성되어 소통되고 유통된다. 그러므로 이제는 일상생활에서 글을 모르면 생활의 정보를 알 수 없게 되어 많은 불편함과 어려움을 겪을 뿐 아니라 의사소통도 어려워질 수 있다(김종서, 1994).

이상에서 살펴본 '문해' 의 개념을 종합하여 정리하면 다음 | 표 2-2 |와 같이 세부적으로 설명할 수 있다.

| 표 2-2 | 문해의 개념 및 수준

| 문해 정도 | 유형 | 정의 |
|---|---|---|
| 비문해 | 완전비문해 | • 읽기, 쓰기, 셈하기를 전혀 하지 못함 |
| | 반문해 | • 간단한 단어를 읽기는 하지만 쓰지 못함<br>• 간단한 가감은 할 수 있으나 승제는 전혀 못함 |
| 문해 | 기초문해 | • 친구와의 편지 정도의 글을 쓸 수 있음<br>• 간단한 가감승제를 할 수 있음(초등학교 6학년 정도) |
| | 일반 기능문해 | • 생활상 필요한 문장이나 셈을 아주 불편없이 할 수 있음<br>• 신문을 읽고 어느 정도 이해할 수 있음 |
| | 영역별 문해 | • 정치, 사회, 경제, 문화, 기술 등의 각 영역의 기본적인 지식을 가지고 있음 |

이러한 개념 규정에 따르면 교육 수준에 관계없이 어떤 특정 분야에 대해서 비문해자는 많이 생길 수밖에 없다. 최근에 컴퓨터 문해, 정보 문해, 영상 문해, 문화 문해 등의 용어가 등장하고 있는데 이러한, 영역별 기능 문해의 측면에서 보면 이와 같은 '문해' 개념은 쉽게 이해될 수 있다.

이렇게 '문해' 연구의 관점에서 볼 때에 '문해' 개념이 매우 다양하다는 사실을 고려하면 '문해' 에 대한 일치된 개념적 합의를 끌어내기는 쉽지 않다. 더욱이 문해는 고정된 실체가 아니라, 생활세계 속에서 변화하는 실천 과정이라고 할 때, 문해의 보편적 개념 준거를 도출하고, 그에 따라 측정하는 일은 더더욱 어려워진다. 그래서 그 누구도 비문해자의 숫자를 정확하게 말할 수 있을 만큼, 모두가 받아들일 수 있는 정확한 기준에 도달하기는 어렵다(Taylor, 1989; 한국교육개발원, 2002).

그래서 이제 '문해' 라는 단어는 단순한 기초 문해, 문자 문해의 수준에서 기능적 문해 더 나아가서는 사회적 문해, 구조적 문해, 의식의 문해 단계로까지 문해의 개념이 전환 · 확산되고 있는 것이다. 이는 달리 말하면 '문해' 는 초등학교나 중학교를 졸업한 사람들이라 할지라도 글을 읽고 쓸 수 있는 문화적 환경과 기회가 주어지지 못하면 그들은 다시 비문해 상태로 복귀하고 만다는 사실을 내포하고 있다.

## 쉬어가기

### 세상에서 가장 값진 책 Plain Ink.

책과 교육이 세상을 바꾸는 가장 빠르고 싼 방법이라고 믿는 이들이 있다. 이탈리아의 사회적 기업 Plain Ink.가 그들이다. 이제 막 걸음마를 뗀 시작 단계에 불과하지만 그들의 포부는 간단하면서도 대단하다. 전세계적으로 1억 1백만 명의 어린이가 학교를 다니지 못하고 있는 현실에서, Plain Ink.(http://www.plainink.org/)는 교육과 빈곤이 밀접한 관계를 갖고 있다는 생각에서 출발했다. 기초적인 교육도 받지 못했음에도 무궁무진한 꿈을 가지고 있던 투르크메니스탄의 소녀들로부터 희망을 본 Plain Ink.의 설립자 셀레네 비피(Selene Biffi). 그녀는 아이들을 가르치고 그들의 꿈을 키워주는 것만이 그들의 나라가 가난으로부터 벗어날 수 있다는 신념으로 움직이기 시작했다.

식자율(識字率)이 높아야 가난의 고리를 끊을 수 있다는 믿음 하에 아이들 교육에 발 벗고 나선 것이다. 그들은 인도와 아프가니스탄에 문맹률을 낮추기 위한 교재 학습도구를 지원한다. 또한 그들은 식자율이 25% 밖에 안 되는 국가에서, 글을 읽지 못하는 아이들을 위해 만화책으로 다가가기도 한다. 위생과 건강에 대한 필수적인 지식을 전달하기 위해 그림을 이용한 것이다.

Plain Ink.가 그동안의 일반적인 문맹퇴치단체와 차별화될 수 있는 요점을 찾으라면 두 가지로 정리할 수 있다. 첫 번째는 헌 책이 아닌 새 책을 제공한다는 점이다. 미국의 사회적 기업인 베터월드북스(BWB)가 버려질 헌 교과서를 타국의 학생들에게 제공하는 것처럼 지금까지의 단체들은 헌 책을 재활용하는 방식으로 사업을 진행해 왔다. 반면 Plain Ink.는 대상 국가를 위한 새로운 학습도구와 콘텐츠를 창조한다. 두 번째로는 그들이 지역경제에도 공헌한다는 점이다. 되도록 그 지역에서 작가, 일러스트레이터 등의 필요한 인력을 고용하고 그 지역시장의 출판회사를 이용한다. 선진국 전문가의 재능기부가 아니라 지역고용을 창출하여 지역경제를 돕는다는 점에서 신선한 시도라고 할 수 있다.

아주 단순하고 근본적이어서 진부하다고도 할 수 있는 '책' 이라는 매체를 통해 세상을 보는 이들이 더 커다란 긍정을 가져올 것이라고 믿어 의심치 않는다. 세상을 바꾸는 가장 싼 방법이라는 그들의 '책' 이 어쩌면 세상에서 가장 값진 책이 아닐까?

출처: 베네핏 매거진(2011. 7. 23.). 세상에서 가장 값진 책 Plain Ink.

# 2 문해교육의 의의

사회는 비문해자를 무능력자로 인식하고, 실질적인 불이익이 초래되어도 무관심하며 나아가 무시하기까지 한다. 이런 사회적 상황에서 비문해를 극복하지 않으면 사회에 적응하며 살아가기란 매우 어렵다. 여기에서 문해교육은 인간존엄성 실현을 위한 기초교육이자, 자율적인 개인 해방교육이며, 개인 학습권을 보장하는 교육으로서 그 의의를 갖는다.

## 1) 인간존엄성 실현을 위한 기초교육으로서의 문해교육

인간의 역사는 자유와 평등을 확대해 옴으로써 인간의 존엄성을 확인하고, 인간으로서의 자격을 다시금 획득해 온 과정이라고 할 수 있다. 인간 존엄의 근거는 인간의 이성에 있으며 인간은 '있는 그대로'의 삶이 아니라 '의미 있는' 삶을 지향하기 때문에, 인간의 존엄이란 자신의 고유한 이성을 사용하여 사고방법의 내적 완전성과 행복을 향해 노력하는 측면에 존재한다(이수훈, 2003).

이러한 인간존엄성의 실현을 위해 가장 중요한 것은 교육이다. 인간의 본질과 존재 가치는 교육과 불가분의 관계이며, 평생을 통한 끊임없는 학습활동을 바탕으로 성장·발달, 즉 자아실현이 가능하기 때문이다. 이같은 자아실현은 다른 말로 표현하면, 근원적인 자신의 존재를 인식하는 것으로서 인간적 주체성을 획득하는 것이다. 따라서 비문해 학습자들을 위한 문해교육은 인간으로서의 자아실현의 기회를 제공함과 동시에 인간적 주체성을 획득하도록 하는 가장 기본적인 교육의 기회를 제공한다.

### 2) 자율적인 인간으로의 해방교육인 문해교육

문해교육은 자기 스스로 자신을 둘러싼 현실을 파악하고, 자신과의 관계를 자각하며, 스스로 자기의 운명을 개척해 나갈 수 있는 적극적인 개인으로의 해방이다. 이러한 개념 속에는 사회활동에 적극적으로 참여하는 시민의 양성과 무비판적 지식 습득과 대비되는 창조적 지식을 창출하는 개인 양성이 포함되어 있다.

민주주의 사회에서 '문해' 의 의미는 시민들의 직접적 적응이라는 점에서만 의미가 있는 것이 아니라 시민들의 정치적 · 사회적 참여에 보다 큰 의미가 있다. 문해는 문화적 정체성과 국익을 수호할 뿐 아니라 책임 있는 시민을 양성하고 사회경제적 진보를 이루어 나가는 요소(Lazarus, 1989)이며, 민주주의 사회 안에서의 여러 가지 의사결정에 있어서 시민들이 광범위하게 참여할 수 있느냐 하는 문제는 그들의 문해능력 여하에 달려 있기 때문이다(Aronowitz & Giroux, 1985). 또한 프레이리(Freire)가 강조한 것과 같이, 문해교육은 지식을 무비판적이고 수동적으로 받아들이는 데서 탈피하여 현실의 비판적 이해를 포함하는 창조적 지식 습득으로 변화되어야 한다.

이와 같이 학습주체자의 적극적인 참여와 창조적 이해를 강조하는 문해교육은 교육결손 집단에 속하는 비문해자들이 실로 그들의 존재의미와 자유를 음미할 수 있는 인간해방의 과정이다(윤복남, 1990a). 이런 차원에서 문해교육은 개인의 해방과 자유 획득의 의의를 갖는다.

### 3) 개인의 학습권을 보장해 주는 교육으로서의 문해교육

1948년 UN 세계인권선언에는 모든 사람은 교육받을 권리가 있다는 것을 선언하고 있고, 우리나라 헌법(제31조)에서 모든 국민은 능력에 따라 균등하게 교육받을 권리가 있음을 밝히고 있다. 또한 교육기본법에는 모든 국민이 평생에 걸쳐 교육받을 권리(평생학습권, 제3조)와 의무교육의 권리(8조)가 규정되어 있다. 여기서 말하는 의무교육의 대상은 청소년, 아동만이 아닌 모든 국민을 포함하는 것이다. 즉, 글을 배울 시기를 놓친 성인도 포함된다. 사회구조적인 문제로 인하여 학령기에 의무교육의 혜택을 받지 못한 사람들은 성인 생활을 하는 동안이라도 보상교육을 무상으로 받을 수 있어야 함을 보장하고 있다(윤복남, 1990b).

따라서 성인의 문해 학습권은 헌법과 교육기본법 등에 규정하고 있는 국민의 기본권이며 국가의 책무이다(양병찬, 2004). 즉, 문해교육을 실시한다는 것은 의무교육의 기회를 놓쳤던 성인들에게 미뤄져 왔던 학습권을 발휘하도록 국가가 지원하는 것으로서 의미를 갖는다.

## 3 문해접근 모형

문해는 측정과 계량화된 자료를 필요로 한다. 우선 문해교육이라는 실천적 과제 수행을 위해서 정확한 현실 인식이 필요하고, 재원마련 및 행·재정 지원체제 확보를 위해서 양적 자료화된 통계자료가 한층 더 요구되어진다. 앞서 살핀대로 문해 개념 정의의 한계에도 불구하고, 해당 시점과 연구목적에 맞는 최적의 개념 정의는 필요하다. 문해의 개념 규정과 그 측정 방식은 크게는 '학교 모형' 과 '구성주의 모형' 으로 구분할 수 있다(Askov, 2000).

### 1) 학교 모형

'학교 모형' 이란 성인 문해를 아동 문해와 같은 것으로 간주하는 것이다. 가령 미국의 1991년 국민문해법(The National Literacy Act of 1991)에서 문해를 '직업 활동과 사회에서 기능하고 개인의 목적을 달성하고 지식과 잠재력 개발에 필요한 수준으로 국어를 읽고, 쓰고, 말하며, 셈하고, 문제를 해결하는 개인적 능력' 이라고 정의하는 것이나, 우리나라에서의 1989년 조사(최운실 외, 1989; 1990)에서 '의무교육 단계인 초등학교 6학년 수준의 읽기, 쓰기, 셈하기 능력' 으로 기초 문해를 정의한 것 등이 대표적인 예이다. 대체로 기능 문해의 관점에서 문해자가 달성해야 하는 기술이나 능력 유형을 제시하는 학교 모형은 실증주의적 관점을 전제로 한다.

학교 모형은 성인교육에도 학교교육의 형태를 적용하여, 문해의 도달 수준을 학년 수준별로 평가한다. 이 경우에는 성인과 아동의 경험 차이에도 불구하고 실제로 아동용표준화 검사의 성인용 버전을 사용하는 경우가 많다.

### 2) 구성주의 모형

문해에 대한 구성주의적 측정 모형은 아직까지 미완성의 진행형이기는 하지만, 그동안의 학교 교육형 측정방식에 대한 몇 가지 반성의 여지를 남겨준다. 무엇보다도 문해의 준거를 교육자나 전문가의 입장에서 객관화된 규준으로 찾는 것이 아니라, 학습자의 일상적 삶으로부터 학습자 자신의 목소리에 의해 규정되었다는 점이 중요하다. '구성주의 모형' 은 학교 모형이 제안하는 정형화된 보편적 문해 개념에 이의를 제기한다. '문해' 는 개인이 살고 있거나 살기를 원하는 사회나 문화에서 성공적으로 기능하는 데에 필요한 기술, 지식, 실천으로서, 개인별로 심각한 편차가 있으며 그들 자신이 삶에 유용하다고 인정하는 기술과 지식, 실천을 제고하는 것이야말로 진정한 문해 과정이라고 본다.

구성주의 모형에서 학습자들은 '문해 활동을 통해 부딪치고 실천하는 사회적 상황' 을 통해 학습한다. 이들은 실제 세계의 지식과 경험이나 그 안에서의 자극들, 그리고 거기에 적용해야 하는 기술들, 다른 사람과의 상호작용을 통한 문해 실천 과정이 가장 주된 학습과정으로 제기된다. 이런 활동들로부터 학습자들은 고립된 개인이 아니라, 가치관여적 과정을 통해 사회적으로 의미를 구성한다.

이 모형은 문해 연구에서의 학교 모형을 더 이상 답습하지 않는 새로운 모델이라는 점과 비문해자와 문해 교육자의 다양성을 인정한다는 점에서 의의가 있다. 그러나 상세한 측정방법이 아직까지는 확정되지 못한 채, 계속 연구가 진행 중인 상태이며, 이 모델에서 도출된 성인의 세 역할 즉 일, 가족, 시민의식에서의 문해 역량에 대한 측정을 아직까지 제시하지 못하고 있다는 점에서 한계를 안고 있다. 그러나 문해의 영역을 근로자로서의 직업 능력뿐만 아니라, 가족과 시민의 역할까지 확정하여 문해교육과 시민의식교육의 연결고리를 만들어주고 있다.

## 쉬어가기

# 한국전쟁 당시 문맹자들을 위해 배포된 만화 전단

유엔군은 귀순병이 좋은 대우를 받고 있다는 것을 보여주려 이들이 음식을 먹거나 치료받는 모습 등을 담은 사진을 첨부한 선전지를 뿌렸다. 이는 만화로 북한군의 약속과 실제가 다르다는 것을 보여주고 있다.

출처: 연합뉴스(2011. 6. 22.). 한국전쟁 당시 문맹자들을 위해 배포된 만화전단.

## 4 문해교육의 현황

36년간 일제의 민족문화 말살정책과 당시 극히 제한적이었던 근대적 교육기회로 인해 우리의 말과 글을 익힐 기회가 없었던 우리 국민은 1945년 일본 식민 통치에서 해방된 당시, 비문해자는 국내 12세 이상 전체 인구 중 약 78%를 차지하고 있었다(최제만, 1959). 민주주의를 기초로 하는 대한민국 독립과 국가 발전의 기반조성이라는 명제 하에 미군정은 시급히 국문 보급사업에 착수하게 되었다. 그 결과로 정부 수립 당시의 문맹률은 해방 당시의 78%(790만 명)에서 42%(540만 명)로 36%(250만 명)나 감소된 것으로 나타났다. 또한 문맹퇴치에 가장 직접적인 효과를 가지고 온 것은 공민학교의 운영이었다(김종서 외, 2001). 공민학교의 설치 목적은 문해와 공민, 국사, 생활개선 등에 대한 교육을 통해 공민성을 함양하는 데 있었다. 급속히 증대된 국민들의 교육수요를 해결하기 위한 이 제도는 초등학교에 취학하지 못한 자들을 입학하게 하여 2년 내지 3년의 과정으로 초등 기초 교육과정을 이수하게 하는 준 학교교육기관이었다. 이러한 공민학교는 당시 비문해율을 감소시키는 데 큰 공헌을 하였으며, 공민학교에 등록된 학생들이 문해교육의 혜택을 받은 것은 물론 공민학교에 부설된 국문보급반을 통해서도 많은 문해자가 양성되었다.

그 후 6.25 사변으로 인하여 일단 모든 교육적 사업이 중단되었으나 6.25 사변으로 전 국민과 국토가 파괴와 혼란의 수난을 겪는 과정에서도 국민들의 교육에 대한 열의나 정부의 문해교육 진흥에 대한 정책은 지속적으로 이루어졌던 것으로 나타나 있다(최윤정, 2002).

체계적이고 본격적인 해방 후의 문해교육 사업은 1954년에서 1958년까지 국가 재건사업의 일환으로 대규모로 실시되었던 정부 주도의 '국문 보급 5개년 사업' 이

었다. 매년 농한기를 이용하여 12세 이상의 문맹자에게 70일 내지 90일 간의 교육을 실시하는 것이었으며, 내용은 초등학교 2학년 수료 정도의 국문 해득력과 더불어 일상생활에 필요한 계산력, 초보적 과학 지식 및 공민적 자질을 함양하는 것이었다. 문맹퇴치 5개년 계획을 단계별로 살펴보면 | 표 2-3 |과 같다.

| 표 2-3 | 정부의 국문보급 5개년 사업

| 연차 | 기간 | 강사 수 | 교육반 수 | 국문해득자 | 문맹률 |
|---|---|---|---|---|---|
| 제1차 | 1954년 3~5월(75일) | 84,190 | 88,700 | 1,972,115 | 14.0 |
| 제2차 | 1955년 3~5월(81일) | 62,192 | 65,168 | 1,053,000 | 12.0 |
| 제3차 | 1956년 1~3월(71일) | – | – | 712,000 | 10.0 |
| 제4차 | 1957년 1~3월(90일) | 20,694 | 24,345 | 419,000 | 8.3 |
| 제5차 | 1958년 1~4월(70일) | 33,185 | 39,364 | 582,300 | 4.1 |

출처: 윤복남(1991). 한국 문해교육의 사회사적 고찰.

2000년대 이후 정부는 문해교육에 대한 각종 지원을 본격화했다. 특히 2001년부터 교육인적자원부의 주도로 비문해 성인들을 대상으로 하는 교육지원사업이 시작되었다. 이와 같은 문해교육에 대한 관심은 1995년 열린교육사회, 평생학습사회 실현을 목표로 하는 5.31 교육개혁방안이 추진되면서부터 증가하기 시작하였다(Mest & Nile, 2008).

교육인적자원부는 2001년부터 '소외계층 지원사업'의 일환으로 문해교육 프로그램을 지원하였으며, 2006년부터 독립 사업으로 '성인문해교육지원사업'을 추진하고 있다. 사업은 초등학교 및 중학교 수준의 문해교육 프로그램을 운영하는 기관을 지원해 국민기초능력 향상과 사회적 통합에 기여하는 것을 목적으로 한다. 2006년 성인문해교육지원사업으로 61개 자치단체와 178개 문해교육 기관에 총 24억 원의 프로그램 운영비가 지원되었다. 2007년에는 기관 운영비 지원을 추가해 108개자치단체, 356개 기관에 총 37억 원을 지원하였다(교육인적자원부 · 한국교육개발원, 2007).

한림대 이지혜 교수 등 관계 전문가가 정보문화진흥원의 위탁을 받아 지난해 10월부터 금년 2월까지 실시한 '전국 문해교육 기관 실태조사'에 따르면, 문해교육 관련 기관은 사회복지관이 45.9%로 가장 많고, 그 다음은 야학, 시민단체, 공공기관, 종교단체의 순이었다. 대부분의 문해교육 기관은 비정기적인 재정후원에 의존하고 있고, 수강료 의존 비율도 높은 편인 것으로 나타났다. 또 문해교육 기관은 무급 자원봉사 인력의 헌신에 의존하는 비율이 높았고, 문해교육을 주로 하는 기관일수록 인적자원의 구성이 취약했다.

국내 문해교육 기관은 1988년에 불과 10여 개가 있었지만 1992년 2월에는 서울, 대구, 부산에만 120여 개의 각종 문해교육 기관 및 단체가 확대되었다. 1999년 문해교육을 실시하고 있는 기관 및 단체 수는 230여개이며(한국교육개발원, 2002), 2010년 348개의 기관에서 23,778명의 문해자를 위한 교육을 실시하고 있다(평생교육진흥원, 2011a).

국가차원에서 성인 문해교육을 위한 별도의 교과서도 개발되었다. 비문해 성인의 수준을 고려한 양질의 교과서를 민간에게 개발하는 데 한계가 있었기 때문이다. 교육인적자원부는 2006년 성인 문해교과서 실험본을 개발하고, 2007년 모니터링을 거쳐 최종본을 발간하였다. 성인 문해교과서는 초등학교 1~6학년 수준의 총 3단계로 구성되어 있으며, 국어, 영어, 수학, 사회, 과학 및 예체능 관련 교과 내용을 통합 교과형식으로 담고 있다(김종서 외, 2011).

## TIP 한눈에 알아 볼 수 있는 우리 지역의 비문해 학습자수 확인하는 방법

지역 내 비문해 학습자 수를 확인하는 방법은 제한적이기는 하나 통계청 조사(전수조사)에 따른 학력별 인구조사를 가늠할 수 있다. 각 시 · 군 · 구에 해당하는 비문해 학습자(초등 및 중등 학력을 취득하지 못한 학습자)의 수는 국가통계포털(http://kostat.go.kr)에 접속하여 다음의 절차를 통해 확인할 수 있다.

1. 국가통계포털(http://kostat.go.kr) 접속하기

2. 국내 · 국제 통계–주제별 통계 클릭하기(주제별 통계▶인구 · 가구▶인구총조사 클릭)

3. 조회 결과 클릭 순서

– 인구총조사 → 인구부문 → 총조사연구(2010) → 전수부문 → 성/연령/교육 정도별 인구(15세 이상) → 선택조회

4. 조회 범위 상세 설정하기

– 행정구역별: 해당지역 클릭

– 성별: 합계 클릭

– 연령별: 합계 클릭

– 혼인상태별: 합계 클릭

– 항목: '초등학교 졸업+초등학교 중퇴+중학교 중퇴+미취학' 클릭

5. 결과 분석하기

## 쉬어가기

# 문맹퇴치 1등 아이템, Kinkajou Projector

LOOK

전세계에 성인 5명 중 1명 꼴로 글을 읽을 줄 모릅니다. 디자인이 지닌 사회적 · 인본주의적 영향력을 믿는 사회적 기업 'Design that matter'는 이들을 위해 저가 교육용 프로젝터를 개발했습니다. 보급용 제품을 개발하려면 하이테크(High-Tech)를 사용해야 한다는 생각을 버리고 우리는 더 이상 사용하지 않는 마이크로필름 기술을 도입한 그들의 발상이 돋보입니다.

주경야독(晝耕夜讀)! 낮에는 일하고 밤에는 글을 배우는 성인들에게 이 프로젝터를 제공해 이제 그들은 위험한 석유 등불에 의지하지 않아도 됩니다. 게다가 미국에서 사온 비싼 교재보다 교육효과가 뛰어나 낮시간에 수업을 듣는 학생들에게도 도입을 추진하고 있습니다.

지구촌 이곳저곳에는 이들처럼 문맹퇴치를 위해 노력하는 사람들이 아주 많습니다. 미국의 사회적 기업 'Better World Books'가 대표적이죠. 그들은 기부받은 헌 책을 판매하고 그 수익금을 문맹퇴치운동에 투자합니다. 가까운 사례로는 우리나라 사회적 기업 '아름다운 가게'가 영국

옥스팜과 함께 베트남 소수민족 어린이들을 대상으로 문맹퇴치 운동을 진행하기도 했죠.

제3세계 어린이들의 '빈곤의 고리'를 끊어주고자 힘쓰는 이들을 위해 유네스코에서는 매년 9월 8일(문맹퇴치의 날), 파리 유네스코 본부에서 세종대왕문해상을 시상합니다. 작년 수상자는 아프리카 카보베르데의 '성인훈련원'과 독일의 '주립교사훈련 및 학교개발기관'이었습니다. 카보베르데는 성인훈련원의 교육으로 60%에 달하던 문맹률을 20%까지 떨어트렸고, 독일은 이민자 가족을 대상으로 하는 교육 프로그램을 실행하여 이민자 사회통합에도 크게 기여를 했습니다.

글을 읽을 줄 안다는 것. 그것은 단순히 글자를 읽는 것에 그치지 않습니다. 교육을 받은 아이들은 그렇지 못했던 그들의 부모의 삶과는 또 다른 삶을 살아가겠죠. 위생적 인식도 자랄 것이고, 이제 그들은 정치적 권리도 행사할 수 있습니다. 글을 가르친다는 것. 그것은 단순히 글자를 가르치는 것에 그치지 않습니다. 교육을 받은 이들에게 새로운 삶을 쥐어주는 작은 씨앗이 될 것입니다.

출처: 베네핏 메거진(2011. 8. 3.). 문맹퇴치 1등 아이템, Kinkajou Projector.

## 5 문해교육 관련법

2007년 개정되어 2008년부터 시행되고 있는 개정 평생교육법에는 제6장에 문해교육에 대한 사항을 추가하여 국가 및 지방 정부 그리고 시·도교육청 등이 문해교육에 대해 지원하도록 하고 있다. 또한 제2조에는 문해교육의 정의를, 제40조에서는 일정 수준의 문해교육 프로그램을 이수하면 그에 상응하는 학력을 인정하도록 하였고, 이를 통해 비문해 성인들은 검정고시를 거치지 않고도 초등학교 및 중학교 학력을 취득할 수 있도록 하였다. 이에 따라 노인의 문해 및 기초교육에 대해 국가·지자체의 행정적·재정적 지원이 법적·제도적으로 가능하게 되어 이를 통하여 사회적 약자인 저학력 성인의 기초 능력 향상과 평생교육기회 확대의 제도적 기반이 더욱 확대되었다(양수명, 2010).

평생교육법은 문해교육에 대해 크게 네 가지 내용을 담고 있다(평생교육진흥원, 2007).

첫째, 문해교육에 대한 지원에 대한 규정이다. 제39조 1항과 3항에는 국가 및 지방자치단체는 성인의 사회생활에 필요한 문자해득능력 및 기초 능력을 높이기 위하여 노력해야 하며 이에 대한 재정적인 의무를 명시하고 있다.

둘째, 문해교육에 대한 설치 및 운영 그리고 지정에 대한 규정이다.

셋째, 문해교육에 대한 학력인정에 대한 규정이다. 문해교육에 대한 학력 인정은 초등학교·중학교 과정까지도 규정하고 있다.

마지막으로 문해교육 심의위원회 설치에 대한 규정을 담고 있다.

이처럼 평생교육법에서 문해교육을 비중 있게 다루게 된 것은 그동안의 시민사회와 정부, 그리고 학계가 함께 노력한 결과이다. 야학 등을 중심으로 한 시민사회의 문해교육 역사는 거의 100년을 넘고 있지만, 그동안 문해교육은 법에서 인정되지 않는 비제도적인 교육의 위치에 처해 있었다. 따라서 문해교육이 법적 근거를 갖게 된 점은 우리나라 문해교육 역사에 획기적인 사건이라고 할 수 있으며, 문해교육의 학력 인증 제도 도입은 학교 이외의 초·중등 학력인정 트랙에 대하여 폐쇄적이던 우리 교육제도에서 매우 이례적인 조치로 받아들여진다(Mest & Nile, 2008).

그러나 문해교육 법제화에 대한 우려도 없지 않다. 문해교육 관련법 조항들은 기본적으로 문해 학습경험에 대한 '학력인정' 이 중심이나 현재 학력 인정 외의 문해교육 진흥을 위한 제도적 장치가 미비한 상황이기 때문이다. 따라서 학력인정 중심의 제도화는 학습의 형식화를 초래할 수밖에 없으며, 학력인정이라는 단일한 체제로 국가의 문해교육 관리체제가 구축될 경우 문해교육 실시 주체 및 추진 체제의 다양화가 아니라 학력 취득 기관으로서 획일화될 가능성이 있다(허준, 2008).

## TIP | 문해교육의 법적 근거

### 평생교육법 제2조(정의) 1~2호 생략

3. '문자해득교육'이란 일상생활을 영위하는 데 필요한 기초 능력이 부족하여 가정 · 사회 및 직업생활에서 불편을 느끼는 자들을 대상으로 문자해득(文字解得) 능력을 갖출 수 있도록 하는 조직화된 교육 프로그램을 말한다.

### 평생교육법 제39조(문자해득교육의 실시 등)

① 국가 및 지방자치단체는 성인의 사회생활에 필요한 문자해득능력 등 기초 능력을 높이기 위하여 노력하여야 한다.

② 교육감은 대통령령으로 정하는 바에 따라 관할 구역 안에 있는 초 · 중학교에 성인을 위한 문자해득교육 프로그램을 설치 · 운영하거나 지방자치단체 · 법인 등이 운영하는 문자해득교육 프로그램을 지정할 수 있다.

③ 국가 및 지방자치단체는 제2항에 따른 문자해득교육 프로그램을 위하여 대통령령으로 정하는 바에 따라 재정적 지원을 할 수 있다.

### 평생교육법 제40조(문자해득교육 프로그램의 교육과정 등)

제39조에 따라 설치 또는 지정된 문자해득교육 프로그램을 이수한 자에 대하여는 그에 상응하는 학력을 인정하되, 교육과정 편성 및 학력인정 절차 등에 필요한 사항은 대통령령으로 정한다.

# 6 외국 문해교육 사업 및 정책

의무교육 제도를 실시한 지 100년이 넘은 선진국들은 미국, 영국, 독일 등으로 의무교육 취학률이 100%에 도달한 지 30년이 되었고, 중등학교 취학률이 80%에 이르렀다. 이에 이들 선진국들은 자국에 비문해의 문제가 없다고 생각해왔으며 단지 비문해자들은 이민자들의 문제라고 생각하였다. 그러나 여러 선진국들에서도 최근 비문해자들이 발생하고 있으며, 이에 문해교육에 관심을 갖기 시작하였다(김미선, 2008). 선진국의 문해교육 정책은 비문해자의 비율이 많고 적음에 관계없이 비문해자들을 방치하는 것이 민주주의를 적극적으로 실현하는 것에 역행한다는 인식에 바탕을 두고 있다.

## 1) 미국

'인종의 도가니' 라고 불릴 만큼 언어적 · 문화적 배경이 다양한 이민자들로 구성된 미국사회에서는 오래전부터 주정부와 각종 민간단체들 중심으로 성인문해교육이 활발하게 진행되어 왔다(채재은, 2005). 초 · 중등교육을 포함한 교육에 대한 일반적 책임이 주정부에 있음에도 불구하고, 미국에서는 연방정부가 성인기초교육의 재정을 주로 담당하고 있다(이경아 외, 2006). 성인교육법에 의해 연방기금은 학교, 커뮤니티컬러지, 지역사회기관들을 포함한 지역기관들에게 지원된다. 주정부는 정부지원의 성인교육서비스의 행정과 보충을 책임진다. 각 지역 성인교육 프로그램들은 훈련과 기술적인 지원을 받고 주정부에 보고는 하지만 프로그램의 조직이나 내용에 있어서는 매우 자율적으로 진행한다.

성인 문해교육 정책을 수립하고 추진하는 주요 기관은 연방교육부(U.S. Department of Education), 연방정부의 직업 · 성인교육국(Office of Vocational and Adult Education: OVAE), 국가문해연구소(National Institute for Literacy: NIFL)이며, 연방교육부의 성인문해교육 정책방향을 반영하여 프로그램을 개발하는 기관에는 국가성인학습 · 문해연구센터(National Center for the Study of Adult Learning and Literacy)와 국가가족문해센터(National Center for Family Literacy)가 있다. 또한 미국은 성인문해교육에 관한 국가적 차원의 연구와 함께 국가통계센터에서 '국가 수준의 성인문해 측정(National Assessment of Adult Literacy: NAAL)' 사업을 통해 미국 성인들의 문해력에 관한 최신 정보를 지속적으로 제공하고 있다(이경아 외, 2006; 채재은, 2005).

1991년 국가문해교육법에 따라 국가문해연구소(NIFL)와 문해자원센터(State Literacy Resource Center)가 설립되었고, 문해 관련 국가위원회(National Institute Board) 및 관계 부처 합동 태스크포스(Interagency Task Force on Literacy)의 설립 운영에 대한 조항이 마련됨으로써 성인 문해교육의 체계적인 지원 체제를 구축하게 되었다. 또한 1992년 미국 교육부 교육평가국이 실시한 전국 성인 문해 조사 결과 16세 이상 인구 중 최하 수준의 1단계 문해자가 21~23%로 나타남에 따라 연방정부는 문해교육 프로그램에 대한 재정 지원을 확대하였다(양병찬, 2004; 이경아 외, 2006).

한편, 연방정부 주도로 1998년에 제정된 성인교육 · 가족문해법(Adult Education and Family Literacy Act)은 성인문해교육의 새로운 패러다임을 제시하였다. 일반 저소득층과 저학력 가정, 그리고 모두가 영어에 능통하지 못한 새로운 이민 가족들을 대상으로 가족문해교육이 중점적으로 실시되고 있다(OECD, 2005).

미국의 문해교육은 미국 사회의 다양한 철학적 배경에 기반하여 시작되었으나, 최근 미국교육이 경제적 생산성을 높이는 데 중점을 두면서 문해교육이 일터에서의 안전과 건강을 추구하고, 생산성을 유지하려는 목적으로 사용되고 있다(Orem, 2000).

### 2) 영국

영국의 블록보고서에 의해 1970년대 영국 태생 시민 중 약 200만 명이 비문해 상태라는 결과가 보고되면서 문해 정책에 큰 변화가 시작되었다. 1870년부터 초등교육법을 제정하여 의무교육을 제공하던 영국에서는 충격적인 사건이었다. 영국방송공사는 1972년부터 영국내의 성인 비문해자의 문제를 거론하기 시작하였고, 1973년부터는 성인 문해교육에 관한 방송 시리즈를 필두로 문해 프로젝트를 기획하였다. 이에 자극받은 교육과학성은 일백만 파운드의 특별예산을 책정하였으며, 1974년부터 10년간 대규모 문해교육 운동을 추진하였다. 현재도 국가성인계속교육원(NIACE)을 중심으로 성인 문해와 성인 학습장애에 대한 연구와 지원사업, 캠페인 등을 지속적으로 추진하고 있다. 영국에서는 계속교육 · 고등교육법에 문해교육 규정을 포함시켜 법적 근거를 마련하였으며, 각 지방교육청이 관할하는 성인교육센터나 자원 성인 교육기관에서 문해교육 사업을 운영하고 있다(윤복남, 1999).

영국의 성인 교육운동은 대부분 당시 소외 계층인 노동자와 여성들을 위한 교육기회 확장사업이 주를 이루었다. 대표적인 예로는 지역사회 정착사업은 대학의 교수와 학생들이 산업지대나 대도시 빈민가에 시설을 마련하고 그 지역 노동자나 청소년과 함께 살면서 그들의 교육과 복지에 관한 사업을 전개해 온 것이다. 20세기에 들어와 확장되기 시작한 조직과 운영에 있어서는 19세기 말과는 상이하지만 그 근본 취지와 사용내용은 어디까지나 소외집단의 문제해결과 생활수준 향상을 위한 노력이었다. 영국의 지역사회 정착사업연합회는 '블록' 보고서를 통해 영국 태생의 시민 중 200만 명이 완전 비문해 이해 준문해자라고 발표하여 영국사회에 상당한 사회적 파장을 몰고 왔다. '블록' 보고서가 발표된 후에 영국 정부의 지원 하에 대규모 문해사업은 비문해가 개인의 책임이라기보다는 사회의 책임이라는 인식에 기초하고 있다(김종서 외, 2011).

영국 성인 계속교육 연구소(The National Institue of Adult Conti-nuing Education: NIACE)와 영국방송공사(BBC)는 정부와 연구재단의 후원을 받아 전국적인 수준에서 10년 간(1975~1985)의 문해교육 사업을 전개한 바 있다. 이 사업에서 제일 어려웠던 일은 비문해자를 찾아내 문해교육 프로그램과 연결시키는 일이었다. BBC의 첫 번째 주요사업은 비문해의 실태와 문해교육의 중요성을 선전하는 동시에 숨어 있는 비문해자를 실제 프로그램에 연결하는 한편 지원교사를 모집하는 일이었다. 그리하여 첫해인 1975~1976년 사이에 20,000명을 교육시켰고, 그 후 3년 사이에 155,000명을 교육시켜 문해자로 만들었다(김종서 외, 2011).

영국 정부는 문해교육 프로그램의 운영은 각 지방 교육청이 관할하는 성인교육센터나 민간성인교육기관에서 주관하도록 하고, 모든 사업을 조정 지원하기 위하여 성인 문해 자원기구(Adult Literacy Resource Agency)를 설립하였다. 성인 문해 자원기구는 문해사업의 촉진, 교재 및 교수-학습 방법 개발, 지역 단위의 문해 프로그램 교육자 교육양성 등의 사업을 수행하고 있다. 그 외에도 영국에는 기초 기술원(Basic Skills Agency), 영국 개발도상국 문해협회(British Association for Literacy in Development), 전국 문해 트러스트(National Literacy Trust) 등과 같은 문해 관련 기관 및 단체들이 활발히 활동하고 있다(유성상 외, 2001; 윤복남, 1999).

영국 정부의 문해교육 추진은 1998년 '학습시대: 신 영국 건설을 위한 교육 르네상스(Learning age: A Renaissance for a New Britain)' 에서 살펴볼 수 있다. 이 보고서는 문해교육을 핵심 기본 원리의 하나로 규정하고 재정지원을 확대 투자하겠다는 것을 천명하고 있다(이경아 외, 2006).

오늘날 영국의 문해교육은 생존 수단, 직업 능력의 습득을 위한 기초교육의 의미를 넘어서 문화적인 표현 능력의 함양과 사회 참여를 촉진하는 민주시민교육과 연계되어 그 범위가 확장되고 있다. 대표적인 예로는 가족 문해 프로그램, 장애인, 재소자, 학교중퇴 청소년, 이민자 대상의 특별 프로그램 등이 있다. 영국에서의 문해교육은 복지적 차원의 성인 기초교육 및 사회 교육으로 자리잡았으며, 다양한 사회적 쟁점들과 결합되면서 포괄적이고 다학문적인 방식으로 이루어지고 있다(유성상 외, 2001).

### 3) 독일

독일은 다른 선진국들에 비해 비교적 늦게 문해교육을 시작하였다. 통독 이전의 서독 정부는 1970년까지는 지구 내에 비문해가 존재하지 않는다는 보고를 유럽회의에 보고하였다. 1980년 이후 문해교육 기관과 수강자 수의 증가로 인해 비문해자의 존재와 문해교육의 중요성을 인식하기 시작하여 처음으로 '읽을 권리' 를 주제로 한 회의가 브레멘(Bremen)에서 개최되었고 이를 계기로 언론들이 '비문해' 의 문제를 들고 나오기 시작했다. 1982년 전국의 고등학교에 문해교실을 개설했다. 당시 독일의 문해교육 사업은 주로 독일 국민 고등학교협회(Deutche Volkshockschul-Vervand), 그 산하의 교육연구소(Pedagogische Arbeitsstelle), 아돌프-그림 연구소(Adolf-Grimme Institute) 등에 의해서 이루어졌다(교육부, 1999).

이와 같이 서독에서의 문해교육 운동은 민간단체들의 선도에 의해서 시작되어 정부가 협조 지원하는 형태로 발전해 가고 있으며 교육의 수준과 내용은 단순 문해가 아니라 '후속 문해(Post-literacy)', '기능 문해(Functional literacy)', '성인 기초교육(Adult Basic Education)' 으로 발전하고 있는 특징을 가지고 있다. 1994년 문해교육은 민주국가 수립을 위한 시민자질로서의 문자해득과 성인기초 교육의 성격으로 정부, 학교, 지역사회 조직 및 사회단체의 협동적인 사업으로 전개되었다.

독일의 대표적 문해사업 기구는 연방문해협회(Bundesverband Alphabetisierung

und Grundbildung e. V.)로 학습자 개인과 문해교육 기관을 지원하고 있으며, 독일의 문해와 기초 교육에 대한 정기 간행물을 출판하고 있다. 또한 문해 문제에 대한 관심 및 지원을 유발하기 위한 전화 상담 서비스와 각종 캠페인 등을 주관하고 있으며, 2000년부터 TV, 영화관, 인터넷, 모바일 서비스 등을 통해 홍보 사업을 진행하고 있다.

2003년에는 문해 및 기초교육 연합(Bundnis Fur Alpha-betisierung und Grundbildung)이 독일 유네스코 위원회에 의해 창설되었다. 이 연합은 UN 문해 10개년 사업의 국제적 수행을 조정하고 문해 관련 사회적 논의와 주정부 및 개인 경영인들의 지원을 장려하는 캠페인과 행사를 계획하고 조직한다(BMBF, 2008).

### 4) 태국

태국은 아시아 여러 나라 중에서 대중들의 문해교육 사업에 커다란 성과를 본 나라 중의 하나이다. 태국의 인구는 2005년 현재 약 6,500만 명으로 그 인구의 80%가 농촌인구이지만 비문해율은 단지 6.3%로 발전도상국으로는 문해율이 높은 나라에 해당한다. 태국 정부는 1970년에 들어서면서 사회교육제도의 개선을 정부의 우선순위 사업으로 선정하여 1987년까지 전국의 72개 군 지역에 사회교육센터 건립을 계획하고, 세계은행으로부터 차관을 받아 제4차 교육발전계획인 1977년에서 1981년 사이에는 24개 센터를 건립하였다. 그 기간 동안 589,500명에게 문해교육을 실시했을 뿐 아니라 후속 문해교육의 기능을 담당할 수 있는 자연부락에 신문구독실과 도서관을 건립하였다.

태국에서는 1970년부터 새로운 문해교육의 방법을 도입하였는데 교사와 성인 학생이 여러 가지 문제를 토론하고 그 문제를 해결하기 위한 원칙을 발견하도록 하는 것이다. 이는 문자해득만으로 끝나는 것이 아니라 보통 성인교육으로 연결된다.

1988년도 기능문해교육을 위시하여 후속 문해교육 및 성인교육사업의 내용을 보면 | 표 2-4 |와 같다. 태국에서는 기초 문해에 도달하는 데 200시간이 소요되는 것으로 보고 있다(김미선, 2008 재인용).

| 표 2-4 | 태국의 문해교육사업 (단위: 개, 명)

| 교육활동 | 학급 수 | 성인학생 수 |
|---|---|---|
| 기능문해 | 1,737 | 54,058 |
| 후속성인교육 | 4,444 | 231,358 |
| 방송통신교육 | – | 25,166 |
| 직업성인교육 | 22,939 | 290,388 |
| 흥미집단 | 17,460 | 189,978 |
| 직업기술과정 | 5,479 | 100,410 |

출처: 김미선(2008). 성인학습자의 문해교육정책에 관한 연구. 재구성.

## 쉬어가기

### 세종대왕 문해상 인도대통령이 이례적으로 시상, 부룬디 멕시코 필리파 단체 수상

우리 정부가 지원하고 유네스코가 주관하는 세종대왕 문해(文解)상 올해 시상식이 8일 인도 수도 뉴델리에서 열렸다.

프라티바 파틸 인도 대통령은 세계 문해의 날(International Literacy Day)인 이날 뉴델리 소재 '마넥샤우 센터'에서 자국과 파키스탄, 스리랑카 등 남아시아지역협력연합(SAARC) 회원국 관계자 등 1천여 명이 참석한 가운데 세종대왕 문해상 올해 수상자로 선정된 부룬디의 '전국문해서비스(National Literacy Service)' 프로그램과 멕시코 국립성인교육연구소의 '두 언어 생활문해(Bilingual Literacy for Life)' 프로그램에 시상했다.

또 필리핀 타굼 시의 '시립문해조정협의회(City Literacy Cooridinating Council)'는 '명예상(Honorable Mention Award)을 받았다.

파틸 대통령은 이어 올해 유네스코 공자 문해상(중국 정부 지원) 수상자로 꼽힌 미국 샌프란시스코의 '읽기 위한 공간(Room to Read)'과 파키스탄 펀자브 주의 '문해 비공식 기본교육부', 민주콩고의 개인 디아다타 분지기예에게 각각 상을 줬다.

유네스코는 매년 파리 본부에서 세종대왕 및 공자 문해상을 시상했으나 올해는 인도 정부의 요청을 받아들여 인도에서 시상식을 거행토록 했다.

파틸 대통령은 시상 후 연설을 통해 수상자에게 축하의 뜻을 전한 뒤 "인도 정부도 국민, 특히 여성의 문해율 향상이 사회경제적 발전의 추진력을 제공할 것이라는 판단에 따라 문해율 향상에 많은 노력을 기울이고 있다."고 말했다.

시상에 앞서 김중근 주인도 한국대사는 "15세기에 한글을 창제해 국민에게 뚜렷한 문화적 정체성을 심어준 세종대왕을 기리기 위해 1989년 유네스코 세종대왕 문해상을 제정한 것은 적절하다"면서 "세종대왕 문해상은 제정 이후 지금까지 각국에서 문해율 제고를 위해 힘써온 40여 개인 및 단체에 시상됐다"고 소개했다.

시상식에 이어 오는 10일까지 마넥샤우 센터에서 '통합적 · 지속적 발전을 위한 여성의 문해'라는 주제로 SAARC 회원국들 간 회의가 진행된다.

한편 문화체육관광부는 565돌 한글날을 앞두고 다음 달 세종대왕 문해상 수상단체 대표들을 국내로 초청할 계획이라고 밝혔다.

출처: 연합뉴스(2011. 9. 9.). 유네스코 세종대왕 문해상 인도서 시상식.

## 제3장

# 노후를 슬퍼하거나 노여워말고 즐겨라

1_ 무학 노인 역량강화 '검정고무신'
2_ 청각장애인의 배움터 '늘 푸른 교실'

화성시남부노인복지관에서는 젊은 시절 경제적인 이유로 교육의 기회를 제공받지 못했던 노인에게 배우지 못한 한을 풀어주기 위한 문해교육을 실시하고 있다.

수업에 참여하는 학생들의 연령은 60세부터 많게는 80세까지 다양한 만큼, 학습 욕구도 많은 차이가 있다. 60대는 젊은 시절 다니지 못한 초등학교를 생각하며 진지한 학습태도로 임하며 배움의 욕구가 강한 반면, 70대는 배우지 못한 한이 세월 속에 희석되고, 체력도 약해져 학습을 여가활동으로 생각하는 학생이 대부분이다.

노인복지관을 찾는 수강생들 중 초등학교를 다니는 것이 꿈인 분들이 많다. 실질적으로 학업에 대한 욕구는 강하지만 학업을 시작하는 것을 창피해하거나 경제적으로 부담되어 학원은 다니지 못하는 것이 현실이다.

수업 중에 어린 시절로 돌아간다면 무엇을 하고 싶은지 발표하는 시간이 있었다. 학습자 대부분이 그 시절로 돌아가고 싶지 않다고 하였고, 그 중 어떤 노인은 다시 태어난다면 부자 부모를 만나 멋진 가방을 메고 학교에 다니고 싶다는 대답에 가슴이 몹시 뭉클했던 기억이 난다.

학습 현장에서 본 이 분들은 우리나라의 가난하고 어려웠던 과거를 온 몸으로 겪으며 젊어서는 산업의 역군으로 대부분 공장에 다니거나 어려운 가계를 위해 생업 활동을 열심히 하셨다. 중년에는 한 가정의 살림꾼으로 우리나라의 버팀목 역할을 소리 없이 충실히 해 오신 우리의 어머니이시다. 이 분들이 가난 때문에 초등학교조차 가보지 못하고 겪었어야 할 무학의 설움과 한을 어루만져 주며, 배움의 기회를 주고 있는 화성시남부노인복지관 문해교육 프로그램은 단순한 배움의 장 이상의 의미가 있다고 할 수 있다.

## 1 무학 노인 역량강화 '검정고무신'

### 1) 프로그램 계획 및 준비과정

성인 문해교육 분야에서 성인 문해에 대한 프로그램은 많이 개발되어 있고, 종합사회복지관, 지자체, 여성발전센터, 야학(학교), 노인복지관, 장애인복지관, 평생교육센터, 문화센터 등의 현장에서 여러 형태로 문해교육 프로그램이 실시되고 있다.

오늘날 평균 수명의 연장과 함께 노년기 삶의 질을 높이기 위한 일환으로 평생학습에 대한 관심이 높아지고 있다. 평생학습은 지위 및 학력의 고하를 막론하고 현재의 생활만족을 높이기 위한 방법으로 이뤄지고 있다. 이에 화성시남부노인복지관에서는 경기도·화성시에서 지원하는 성인 문해교육 지원사업에 공모하여 노인을 대상으로 2010년 5월부터 2011년 5월까지 교육 사업을 진행하였다.

프로그램 구성에 있어 많은 시간을 학습하는 데 보내야 하므로 처음부터 너무 어렵거나 지루하게 느끼지 않도록 계획하였으며, 집단 활동의 경험이 없는 수강생들의 특성을 파악하여 집단 활동과 정규수업을 적절하게 배정하였다.

따라서 프로그램 '중간 중간' 특별활동과 행사를 넣어 활동과 체험을 함께 할 수 있는 프로그램을 포함시켰다.

그리고 정규 수업시간에는 학습게임, 시낭송, 동화책 읽기, 돌림노래 부르기, 체조 동작 등을 익히며 수업에도 도움이 되고 지루하지 않도록 준비하였다. 체조 등으로 몸을 풀어주고 수강생들과 함께할 수 있는 게임으로 친밀감과 유대감도 함께 높이고자 하였다.

프로그램 시작 전 입학식을 통하여 수강생들의 자긍심(자아존중감), 노인생활 만족도·무력감(학습된 무기력), 사회적 고립감의 해소, 삶의 질 향상에 관한 척도를 활용하여 사전조사를 실시하였다.

### 2) 집단 구성과 실시배경

화성시남부노인복지관은 많은 노인이 이용하는 기관임에도 불구하고 회원의 17%(화성시남부노인복지관 회원 등록현황, 2011. 10. 기준)인 무학 노인의 역량을 강화하고 문자를 습득할 수 있는 프로그램이 없다는 점을 인식하여 프로그램을 구성하게 되었다. 계획을 가지고 준비하던 중에 경기도와 화성시에서 지원하는 성인 문해교육 지원사업에 공모지원서를 제출하여 검정고무신 프로그램을 위탁받았다.

생활이 어려워 배움의 기회를 놓쳐야만 했던 노인들은 60, 70세가 된 현재에도 평생학습의 시대 속에서도 학습에 어려움을 겪고 생활에 제약을 받으며 살아가고 있다. 중학교 입학자격 검정고시를 희망하는 노인들은 여성으로 농업과 가정의 주부로서의 역할을 병행하고 있어 시간과 장소에 대한 제약을 받고 있으며 자유롭지 못한 생활을 영위하고 있었다. 거주지와 가깝고 가사활동에 제약이 없는 곳에서 배움의 기회를 찾고자 하지만 열악한 교통여건과 넓은 면적에 화성시 근처에는 야학 및 검정고시학원이 없어 약 1시간 떨어져 있는 수원에서 교육을 받을 수밖에 없는 현실이다. 이로 인해 경제적 비용이 부담이 되고 노인들이 쉽게 이용할 수 없는 어려움을 가지고 있었다. 이에 화성시남부노인복지관은 노인들의 욕구에 맞는 검정고시반을 운영하여 자신감뿐만 아니라 일상생활 능력 향상 및 사회적 통합을 위한 사업을 실시하고자 했다.

성인 문해교육 지원사업을 위탁받았지만 아직 일반적으로 문해교육에 대해 창피함과 수치심을 가지신 노인들은 별 반응을 보이지 않았고, 노인들 간의 배움의 장의 문은 굳게 닫혀 있었다. 이에 관내 게시판을 통해 홍보하고, 한글 수업시간을 통해 홍보, 지역사회에 홍보를 통해 수강생 15명을 모집했다.

수강생, 강사, 담당 사회복지사는 소외되기 쉬운 무학 노인들에게 초등학교 졸업장을 취득할 수 있는 기회를 제공함으로써 교육적 열등감 해소와 자신감을 극대화하고 자기의 역할과 삶의 보람을 찾도록 유도하고자 하였다. 또한 나아가 일상생활

능력향상 및 사회적 통합을 이루는 동시에 노인들의 다양하고 복합적인 욕구에 대한 개별화를 통해 전문적인 교육시스템을 구축하고 평생교육의 기반을 마련하고자 했다.

프로그램 진행기간은 2010년 5월부터 2011년 5월까지로 매주 월, 수, 목, 금요일에 실시되었다.

구성원을 살펴보면 성별은 15명 중 15명 모두 여성이고, 연령은 60대가 8명, 70대가 7명으로 최연소는 63세이며 최고령자는 78세이다. 학력은 학교에 다닌 경험이 없는 노인이 9명, 학교를 1년 이상 다니지 못한 노인들이 6명으로 기록되었다. 수강생 구성원의 가장 큰 특징이라 함은 15명 중 12명의 노인들이 노부부가정 또는 부모님을 부양하며 살고 있다는 것이다.

출석률은 80% 이상으로 결석의 이유는 질병, 가족의 병간호, 생계유지를 위한 일 등이 있었다. 매 수업시간마다 출석체크를 통해 강사 및 담당자가 결석생을 관리하였고, 수업에 빠지지 않고 중간에 포기하지 않도록 프로그램 진행 후 2개월을 수시로 전화 및 방문상담을 진행하였다.

프로그램 장소는 요일별로 소강당, 강의실, 서예실 등에서 진행되었다. 프로그램의 특성상 처음 진행시 본인이 프로그램을 듣는다는 것조차 창피해하며 개방되지 않는 장소에서 수업을 하기를 희망하셨고 프로그램 전용 장소가 있었으면 하는 욕구가 있었다. 수업의 흐름을 깨지 않기 하기 위해 출입구에 검정고무신 프로그램 배너를 설치하고 문을 열지 말아달라는 문구까지 부착하였으며, 2011년도 프로그램 진행 전 다른 프로그램을 조정하여 검정고무신 프로그램을 진행할 수 있는 전용 장소를 마련하였다.

### 3) 프로그램 한눈에 살펴보기

① 입학식

본 프로그램의 실시 목적 및 내용 소개를 통해 활동 참여의 동기를 유발시키고 입학원서를 작성하였다.

② 정규 수업

중학교 입학자격 검정고시 시험 필수과목으로 지정되어 있는 국어, 산수, 사회, 과학 및 선택과목으로 도덕과 실과를 정해 주 3회 12시간 수업을 진행하였다.

③ 중간고사, 기말고사

정규 수업 4개월, 8개월 진행 후 중간고사 및 기말고사를 실시하여 학습력을 점검해보는 시간을 가졌다.

④ 수학여행

충청남도 부여 백제문화단지 수학여행을 통해 역사를 다시 한 번 배우고 수강생들간의 유대감을 증진할 수 있었다.

⑤ 간담회

수강생 · 강사 · 담당자가 함께 간담회를 진행하여 향후 실시할 검정고무신 프로그램을 계획하고 평가해보는 시간을 가졌다.

⑥ 수료식

수강생 15명 중 9명이 수료하였고 함께 한 시간을 되새기며 정리하는 시간이 되었다.

⑦ 검정고시 응시

2011년 제1회 중학교 입학자격 검정고시에 12명의 노인이 응시하여 2명의 노인이 전과목 합격, 7분이 부분과목 합격을 하였다.

이후에 작성된 과정기록은 '프로그램 한눈에 보기' 에서 7회로 구성된 프로그램의 핵심 개념과 진행사항에 대하여 작성하여 제시하였고 각 프로그램의 대한 수강생들의 반응 및 보완방법을 제시하여 다음 프로그램 준비 시 도움이 될 수 있도록 작성되었다.

## 4) 과정기록

### (1) NO 1. 우리들은 1학년 새내기 신입생

| 수업명 | 입학식 | |
|---|---|---|
| 일시 | 2010년 5월 31일(월) 10:00~12:00 | |
| 핵심 개념 | • 본 프로그램의 실시 목적 및 내용 소개를 통해 활동참여의 동기를 유발한다. | |
| 목표 | • 입학원서를 작성한다.<br>• 설문지를 작성한다. | |
| 교재 및 준비 | • 입학원서, 검정고무신 프로그램 안내지, 척도 설문지, 다과, 교재, 노트, 필기류 | |
| 학습 단계 | 수업내용 | 수강생 반응 |
| 1교시<br>(10:00~12:00) | • 인사말씀<br>• 자기 소개<br>• 프로그램 소개 및 안내<br>• 강사 소개 | • 프로그램에 관해 자세히 알지 못하고 참여했던 노인들도 검정고무신 프로그램 안내를 보고 들음으로써 기대감과 자신감을 갖는 시간이 되었다. |
| 점심시간(12:00~13:00) | | |
| 2교시<br>(13:00~15:00) | • 척도 설문지 작성 | • 처음 작성해보시는 설문지에 어려워하셨고 아직 문장에 대한 이해와 읽기 능력이 부족했다. |
| 3교시<br>(15:00~16:00) | • 교재 살펴보기(국어, 수학, 사회, 과학, 실과, 도덕) | • 검정고시 교재를 살펴보며 '과연 할 수 있을까?' 하는 노인들의 고민을 엿볼 수 있었다. |
| 정리 | • 하루 느낌과 생각을 발표하는 시간을 가졌다.<br>• 다음 시간에 배울 국어, 사회, 실과 1장을 읽어오도록 과제를 제시했다.<br>• 일일반장을 세워 인사를 하고 마친다. | |
| 보완방법 | • 수강생들이 프로그램에 대해 부담스러운 마음을 가지지 않도록 전화상담을 통해 지속적으로 참여할 수 있도록 지원하였다. | |
| 프로그램 사진 |    | |

## 쉬어가기

배움에 대한 열정과 각오를 새롭게 다짐하고 혼자가 아닌 함께 시작하는 동료들이 있어 든든함과 용기를 가질 수 있었습니다. (이영순, 66세)

입학식을 하기로 한 복지관 2층 강의실1 앞에는 풍선과 꽃으로 화려하게 꾸며져 있고 "입학을 축하합니다!"라는 문구가 적혀 있었다. 미리 수강신청을 하셨던 수강생들은 한 명 한 명 모이기 시작했다. 입학식 전날 사전 전화연락을 통해 어르신들은 늦지 않고 장소에 모일 수 있었다.

첫모임을 갖는 자리여서인지 프로그램의 취지와 내용에 대해 아무 것도 모른 채 친구를 따라 오신 분들도 보였다.

입학식이 시작되기 전 담당자는 어르신들이 어색하지 않도록 잠깐의 레크리에이션과 다과시간을 가졌다. 잠시 후 관장님의 인사말씀을 시작으로 입학식이 시작되었다. 수강생을 격려하고 존경한다는 관장님의 말씀에 어르신들은 매우 뿌듯해하며 어깨가 들썩거렸다. 한 분 한 분 자기소개를 또박또박 특색 있게 이야기하시며 서로의 얼굴과 이름을 익혔다.

프로그램에 대해 설명을 마치고 자신감에 찬 수강생들은 곧바로 입학원서를 작성했다. 초등학교를 다녀보신 경험이 있는지, 현재 누구와 함께 생활하고 있는지 참여하게 된 동기를 작성하실 수 있도록 했다. 물론 쉽지는 않았다. "이거 어디다 쓰는겨?", "이리 좀 와봐." 이쪽저쪽에서 소란스러울 정도로 입학원서를 작성하였고 입학식이 마무리되었다.

사전사후 검사로 채택된 자기효능감척도(SES: Self-Efficacy Scale), 노인생활만족도 척도, 삶의 질 척도를 활용하여 프로그램 시작 전에 설문을 작성해 줄 것을 부탁드렸다. 수강생 중 문맹은 없었으나 읽기 능력과 문장을 이해하지 못하는 어르신들이 많아 자원봉사자가 함께 참여하였으며 무사히 설문을 마칠 수 있었다.

마지막 시간에는 1년 동안 배울 과목에 대해 살펴보는 시간을 가졌다. 교과서를 받는 수강생들의 얼굴에서는 어두운 안색과 두려움이 가득했다. "선생님! 저희가 이걸 다해요? 노인들이 머리가 돌인데 어떻게 이 어려운 것들을 배워요?"

자신감과 설렘으로 가득 찼던 수강생들의 입에서는 불만들이 늘어졌다. “어머님들이 다 하실 수 있는 날까지 제가 도와드릴게요. 저 한번 믿고 따라와 보세요.” 투덜거리던 어르신들의 입에서는 금새 “까짓거! 그래, 한 번 해보자.”라는 말들이 쏟아져 나왔다.

정리시간에는 다음 회기에 배울 과목에 대해 예습하실 수 있도록 과제를 내드리고 오늘 하루 자신의 느낌에 대해서 발표하는 시간을 가져보았다. 설렘, 두려움, 기대감, 행복함, 희망이라는 단어들을 사용하여 각자의 생각을 말씀하셨다.

두려움을 가지고 있다고 발표한 수강생들에게는 강사와 담당 사회복지사가 전화상담을 통해 사후관리를 진행하였다.

(2) NO 2. 국어, 수학, 사회, 과학, 실과, 도덕

<table>
<tr><th>수업명</th><th colspan="2">정규수업</th></tr>
<tr><td>일시</td><td colspan="2">2010년 5월 31일(월)~12월 24일(금), 10:00~16:00</td></tr>
<tr><td>핵심 개념</td><td colspan="2">• 정규 수업을 통해 검정고시 응시과목에 대해 학습함으로써 중학교 입학자격 검정고시에 응시할 수 있다.</td></tr>
<tr><td>목표</td><td colspan="2">• 과목별 수업목표 및 핵심 개념을 파악한다.<br>• 퀴즈풀이를 통해 복습하는 시간을 갖는다.</td></tr>
<tr><td>교재 및 준비</td><td colspan="2">• ≪배움의 나무≫(미래앤), 중입 기출문제 해설집, 적중예상문제, 중입시험대비 초등과학, 수학, 국어, 사회, 실과, 도덕</td></tr>
<tr><td>학습 단계</td><td>수업내용</td><td>수강생 반응</td></tr>
<tr><td>1교시<br>(10:00~12:00)</td><td>• 과학(제1장, 물질의 변화): 여러 가지 물질에 대해 알아보고 혼합물의 분리 과정, 열과 물체의 변화에 대해 알아본다.</td><td>• 딱딱한 이론을 설명하니 노인들의 얼굴이 굳기 시작했다. 실험도구를 통해 물질에 대해 실험해봄으로써 신기하면서도 천진난만한 웃음을 보이신다.</td></tr>
<tr><td>2교시<br>(13:00~15:00)</td><td>• 실과(제1장, 가정생활과 나): 가정에서 할 일에 대해서 알아보고 집안일을 돕는 방법에 대해 학습함으로써 가정생활에서의 나를 인식한다.</td><td>• 평상시 노인들이 가정에서 활동을 통해 알고 있었던 교육내용이어서 편안한 마음으로 함께 가정생활에 대해 이야기하는 시간이 되었다.</td></tr>
<tr><td>3교시<br>(15:00~16:00)</td><td>• 도덕(제1장, 개인생활): 바른 몸가짐과 소중한 시간, 생명에 대해 알아보고 성실하고 자주적인 생활을 할 수 있도록 돕는다.</td><td>• 생활에 관련되고 지금까지 노인들의 생활에서 배울 수 있는 교과목으로 다른 교과목에 비해 쉬워하셨고 자신감을 보이셨다.</td></tr>
<tr><td>정리</td><td colspan="2">• 교과목 수업을 통해 새롭게 발견한 것에 대한 느낌을 나눠본다.<br>• 오늘 학습한 과목 단원에 기본학습문제, 발전학습문제, 실적학습문제를 풀이해 온다.</td></tr>
<tr><td>보완방법</td><td colspan="2">• 수업내용과 관련된 노인들의 경험을 발표하고 나누는 시간을 통해 발표의 능력을 향상시키고 학습의 효과를 높인다.</td></tr>
<tr><td>프로그램 사진</td><td colspan="2">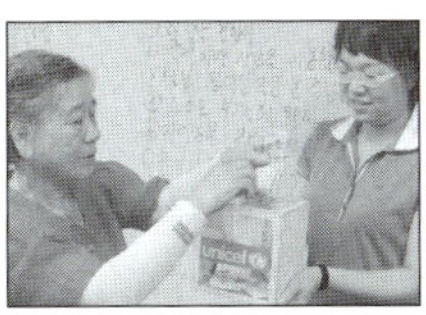  </td></tr>
</table>

## 쉬어가기

새로운 정보를 알게 되어서 기쁘고 함께 해서 즐겁고 같이해서 아름다운 게 바로 나눔인 것 같아요.

(장명순, 75세)

입학식에서 두려움이 많다고 하신 어르신들이 계셔서 출석률에 관한 불안감과 기대감을 가지게 했던 첫 수업교실에 문을 조심스레 열었다. 걱정했던 것과는 달리 10명의 어르신들이 각자 자신의 자리를 잡고 앉아 "안녕하세요?" 인사하시며 반갑게 맞이해주셨다. 담당자는 5명의 결석 어르신을 파악하기 위해 출석을 부르던 중 5명의 어르신들이 허겁지겁 들어오셨다. "강의실이 어딘지 몰라서 복지관을 한바퀴나 돌았지 모여." 이 말에 다시 한 번 하하하 웃으며 하루를 시작한다.

과학 수업시간 어르신들의 한숨 소리가 이곳저곳에서 터져 나온다. 이론 수업을 끝내고 4명씩 조를 정해 실생활에서 흔히 볼 수 있는 설탕, 소금, 탄산수소나트륨, 요오드용액, 철가루 등을 통해 색상, 촉감을 알아보고 알코올램프를 통해 불에 가열하는 실험을 진행했다.

처음 실험을 해보시는 어르신들의 눈은 초롱초롱하고 실험기구에 빠져들 것 같은 어르신들의 모습을 볼 수 있었다. 서로 퀴즈를 맞히듯 "이건 저럴 거야, 저건 저럴 거야!"라고 이야기하시는 어르신들에 모습에서 앞으로의 적극적인 수업참여 모습을 기대해 본다.

3주 정도의 수업을 진행하고 난 후 어르신들에게 변화가 한 가지 생겼다. 도덕시간에 소중한 생명에 대해 배우며 유니세프 활동과 생명존중에 대해 이야기하고 있었다. 우리가 할 수 있는 일이 어떤 것이 있을까에 대해 함께 고민하고 나누던 중 월요일 점심은 굶거나 도시락을 싸오자는 의견이 나왔다. 그 후 어르신들은 월요일마다 점심을 굶으시거나 도시락을 싸오셨다. 왜 그러시는지에 대해서 여쭙자 사회시간에 유니세프에 대해서 배웠다고 하신다. 유니세프에 대해서 전혀 모르시던 어르신들께서는 세상에 배고픈 아이들, 나처럼 배우지 못한 아이들에게 점심 값을 모아 후원을 하시겠다고 한다. "이 돈이 모이면 4개 학급을 운영할 수 있는 양면칠판 4개, 칠판지우개 8개, 분필 400개를 지원할 수 있어." 하시며 행복해하신다. 이렇게 따뜻하고 이렇게 감사한 일이 있을까?

세상에 대해 하나씩 알아가는 어르신들의 모습은 누구보다 더 행복해 보였고, 세상을 다 안 것처럼 뿌듯해 하시는 모습도 볼 수 있었다. 또 한 가지 이것을 계기로 어르신들은 금융 업무를 하실 수 있는 실습도 하고 매주 순번을 정해 무통장 업무를 할 수 있었다.

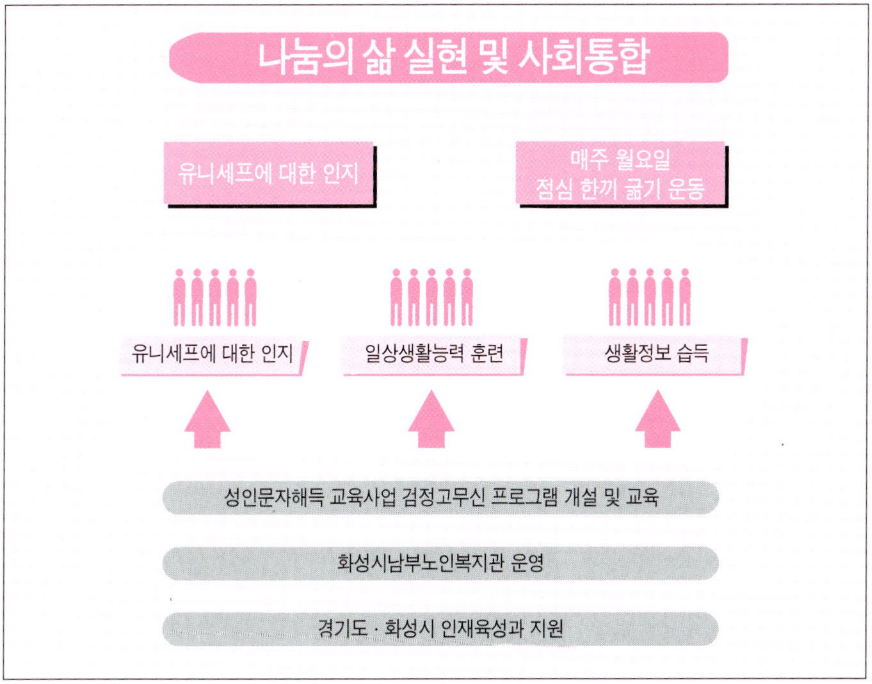


| 그림 3-1 | 정규수업을 통해 배운 유니세프는 나에게?

### (3) NO 3. 두근두근 나의 실력을 알아보자.

<table>
<tr><th>수업명</th><th colspan="2">중간고사, 기말고사</th></tr>
<tr><td>일시</td><td colspan="2">2010년 8월 30일(월), 12월 10일(금), 10:00~16:00</td></tr>
<tr><td>핵심 개념</td><td colspan="2">• 검정고무신 수강생을 대상으로 4개월 간, 8개월 간 학습한 수강과목을 중간 점검하여 2011년 중학교 입학자격 검정고시의 밑거름이 되도록 돕고 학습의 능력을 점검할 수 있는 시간을 제공한다.</td></tr>
<tr><td>목표</td><td colspan="2">• 2011년 중학교 입학자격 검정고시 시험방법을 학습한다.<br>• 지금까지 학습해온 능력을 점검할 수 있는 시간을 제공한다.</td></tr>
<tr><td>교재 및 준비</td><td colspan="2">• 중학교입학자격 검정고시 6과목 시험지 및 답안지</td></tr>
<tr><td>학습 단계</td><td>수업내용</td><td>수강생 반응</td></tr>
<tr><td>준비시간<br>(10:00~10:30)</td><td>• 주의사항 전달: 시험시간, 시험과목, 시험시 주의사항에 대해 전달한다.<br>• 답안지 작성법 설명: 시험지에서 문제를 풀고 답안지에 옮겨 적는 방법을 설명한다.</td><td>• 시험지에서 문제를 풀고 답안지에 옮겨 적는 것조차 힘들어 하신다. 하나하나 손으로 짚어가며 한 글자 한 글자 적어 내려가신다.</td></tr>
<tr><td>1교시<br>(10:30~11:30)</td><td>• 국어(20문항)<br>• 사회(20문항)<br>• 과학(20문항)</td><td>• 아직은 시간 분배가 잘되지 않아 마지막 5분을 남겨놓고 넋두리를 하시며 마구잡이로 적기 시작했다.</td></tr>
<tr><td>휴식<br>(11:30~12:00)</td><td colspan="2">휴식시간</td></tr>
<tr><td>2교시<br>(12:00~13:00)</td><td>• 수학(20문항)<br>• 실과(20문항)<br>• 도덕(20문항)</td><td>• 문제가 쉬웠는지 노인들의 표정도 밝아졌다. 시험이 처음이신 노인들은 시험시간에 옆 노인들과 이야기를 나누신다.</td></tr>
<tr><td>점심시간<br>(13:00~13:30)</td><td colspan="2">점심시간</td></tr>
<tr><td>3교시<br>(13:30~16:00)</td><td colspan="2">• 시험문제 풀이: 짝꿍과 함께 시험지를 바꾸어 채점해보는 시간을 갖는다.</td></tr>
<tr><td>정리</td><td colspan="2">• 시험을 통해 자신의 학업 능력을 점검해본 후 생각을 나눠본다.<br>• 틀린 문제를 노트에 적어 외우며 다시 틀리지 않도록 과제를 부여한다.</td></tr>
</table>

| 수업명 | 중간고사, 기말고사 |
|---|---|
| 보완방법 | • 수업시간에 답안지 작성하는 방법에 대하여 지속적으로 연습할 수 있도록 지원한다. |
| 프로그램 사진 |     |

## 쉬어가기

글을 배우고 싶어 복지관을 찾아왔지만, 비문해자라는 사실이 노출될까봐 꽁꽁 숨어 지냈던 지난 50년, 성적 우수상을 받고 자신감과 함께 긍정적인 생각으로 뭐든지 도전할 수 있었요!

(박삼애, 70세)

중간고사, 기말고사라고 칠판에 큰 글씨로 쓰여 있어도 어르신들은 마냥 즐거워하신다. "공부는 많이 해오셨죠?"라는 질문에도 웃으면서 "책 가져가지도 않았는데 보긴 뭘 봐?" 하신다. 말은 어린아이들처럼 하시지만 한편으로는 서로를 견제하며 책을 펴놓고 공부를 하시고 계신다.

담당 사회복지사는 시험에 유의할 사항과 답안지 작성법에 대해 다시 한 번 어르신들께 안내해드리고 시험을 시작한다. 중간고사, 기말고사는 실제 중학교 입학자격 검정고시와 똑같은 방법으로 똑같은 시간을 제시하고 문제를 풀 수 있도록 했다.

쉽게만 생각했던 어르신들의 입에서는 한숨이 터져 나온다. "이 놈의 머리가 돌이라 그래.", "선생님 이건 뭐였죠!" 넉살스럽게 답을 물어보시는 어르신께 시험 중에는 말씀하시면 안된다고 말씀드리고 조용하게 시험을 치르실 수 있도록 했다.

처음 치러보는 시험이기에 답안지 작성도 쉽지가 않다. 문제를 풀어내는 것도 힘든데 답을 답안지에 작성하라니 아직 시간분배가 잘되지 않는 것 같다. 1교시 시험 종료 5분 전임을 말씀해드렸다. 모든 어르신들은 갑자기 마음이 급해져 문제의 답을 마구잡이로 작성하기 시작하신다. 그렇게 1교시를 무사히 마치고 어르신들은 초등학생들처럼 서로 답을 맞춰보시고 시험이 너무 어려웠다며 불평불만을 늘어 놓으신다.

잠시 쉬는 시간을 마치고 2교시 시험을 시작했다. 1교시에서 적응이 되었는지 시험은 조용한 가운데 볼 수 있었고, 답안지도 수월하게 작성하시는 모습을 볼 수 있었다. 2교시 시험문제는 평소에 어르신들이 알고 계신 상식으로 풀 수 있는 도덕과 실과가 있어서인지 어르신들의 표정이 대체로 밝다.

무사히 2교시도 마무리 되었다. 시험 보시느라 고생하신 어르신들에게 쉴 수 있는 시간을 제공하고 1시간 후 채점을 하기로 했다.

2명씩 짝을 만들고 서로의 시험지를 바꾸어 채점하기로 했다. 강사와 함께 한 문제씩을 풀어나가며 답을 맞춘다. 선생님처럼 채점해보는 것도 어르신들은 마냥 신기하고 재미있으신가보다. 이쪽저쪽에서 웃음이 터지고 상대방의 시험점수를 크게 불러주는 소동이 한바탕 벌어진다.

채점이 마무리되고 어르신들에게는 과제가 한 가지 주어졌다. 각자의 시험문제 중 틀린 부분을 노트에 써오고 다시는 틀리지 않도록 외우는 것이다. 첫 시험이라 많은 성과를 거두지 못했지만 목표한 성적에 비해 어르신들은 목표점수를 훌쩍 뛰어 넘었다. 시험이라는 부담감이 있지만 시험에 응시하셔서 열심히 해주신 어르신들에게 너무 감사했고 좋은 성적을 남겨주셔서 기뻤다.

일주일 후 성적표와 함께 성적우수자에 대한 시상식이 이루어졌다. 상장과 조그만 선물은 어르신들의 사기를 진작시키고 자긍심을 키워주었다.

### (4) NO 4. 백제의 살아 숨쉬는 역사를 찾아서

| 수업명 | 수학여행 |
|---|---|
| 일시 | 2011년 12월 1일(수) |
| 핵심 개념 | • 사회시간에 이론으로 배웠던 백제의 문화와 역사를 탐방할 수 있는 기회를 제공하고 수강생들 간의 친목도모 및 수학여행에 대한 추억을 만들고자 한다. |
| 목표 | • 백제의 문화와 역사를 경험한다.<br>• 수강생들의 친목도모 및 수학여행에 대한 추억을 만든다. |
| 교재 및 준비 | • 사전답사, 현수막, 여행자보험, 간식, 명찰, 차량섭외, 식당 및 체험학습 예약, 비상약 준비, 선물 |
| 학습 단계 | 수학여행 일정 |
| 08:00~08:30 | • 준비사항 체크 및 인원 점검 |
| 08:30~11:00 | • 차량 이동 |
| 11:00~12:40 | • 황포돛배 체험, 부소산성 및 낙화암 관광 |
| 12:40~13:30 | • 점심식사 |
| 13:30~13:50 | • 백제문화단지 차량 이동 |
| 13:50~16:30 | • 백제문화단지 관람 및 게임 |
| 16:30~19:00 | • 복지관 차량이동 |
| 정리 | • 낙화암, 부소산성, 백제문화단지에 대해 문화해설사에 설명을 듣고 마무리한다. |
| 보완방법 | • 수업내용과 관련된 노인들의 경험을 발표하고 나누는 시간을 통해 발표의 능력을 향상시키고 학습의 효과를 높인다. |
| 프로그램 사진 |    |

## 쉬어가기

어렸을 적 친구들과 함께했던 옛 놀이…. 어릴 적 추억을 되새기게 하는 놀이들…. 우리는 알고 있다. 지나갔을지언정 영영 푸르게 추억 한 편으로 기억될 수학여행이 될것이라는 것을!

(이임순, 72세)

수학여행의 시작은 담당자의 사전답사로 시작되었다. 수학여행이 있기 한 달 전 어르신들이 체험하실 수 있고 우리나라의 문화와 역사를 보고 느낄 수 있는 장소를 선택하였다. 관람하기에 힘들지는 않은지, 쉴 수 있는 공간이 있는지, 위험하지는 않은지, 식사할 곳이 있는지를 파악하기 위해 꼼꼼히 사전준비를 하였다.

드디어 수학여행날 아침 "나 어지러워, 어젯밤 한숨도 못 잤어!", 김○○ 어머니의 첫말씀이셨다. 그동안 농사일로 바쁘시고 자식들 키우느라 관광 한 번을 못 가보고 숨 가쁘게 일만 해왔다는 어머니의 말씀이 마음으로 전해져 왔다. 어머니들은 이 말씀에 서로 공감하시며 서로의 마음을 다독여 주셨다.

수학여행의 목적지는 부소산성, 낙화암, 백제문화단지였다. 문화해설사의 도움으로 백제의 역사와 문화에 대해서 이해할 수 있었다.

백제문화단지에는 어르신들이 백제시대의 의상을 체험해볼 수 있도록 준비되어 있었다. 제각기 마음에 드는 의상을 골라 입고 멋있는 포즈로 사진을 찍으신다. 한참을 웃고 여러 유적들의 웅장함에 놀라며 생활문화마을로 들어섰다. 마당 한편에는 추억의 놀이감이었던 저포놀이, 윷놀이, 제기차기, 투호놀이, 널뛰기 등의 장소와 물품들이 있다. 즉석에서 조를 편성하고 옛게임을 시작하신다. 서로를 응원하며 서로를 격려하며 게임을 즐기시고 계신다.

사전답사 시 게임을 할 수 있는 곳을 파악하여 선물을 준비해온 덕에 어르신들에게 선물도 전달해드렸다. 조금한 선물이지만 어르신들은 기뻐하시며 즐거워하셨다.

초겨울의 날씨지만 어르신들은 추위도 잊으시고 형벌체험까지 하신다.

넓은 백제문화단지 구경을 마치고 따뜻한 역사문화관으로 향했다. 백제역사문화관은 백제 역사와 문화의 전반에 대한 정확한 지식을 갖게 하는 교육의 장으로서 백제사를 다루는 종합적이고 전문적인 문화관이었다. 1층과 2층의 관람을 마치고 탁본체험 학습을 했다. 8가지의 탁본 중 마음에 드는 본에 화선지로 먹물을 입히는 작업이었다. 따로 예산이 들어가지 않고 화선지 구입으로 이용가능하기에 신기한 어르신들은 여러 장을 하시겠다며 난리다. 아들도 보여줘야 하고 손자, 손녀에게 선물로 주고 싶다는 어르신들까지….

순수하고 세상의 때묻지 않은 어르신들의 모습이었다.

평소 말로만 듣던, 책으로만 배우던 백제의 역사는 어르신들이 보고 들으면서 많은 것을 배우고 익힐 수 있는 시간이었다. 무엇보다도 검정고무신 어르신들께서 함께 했다는 것, 소중한 추억이 생긴 것에 대해 어르신들은 감사해 하셨고 담당자 역시 강한 자부심과 어르신 개개인을 이해하는 데 도움이 되었다.

## (5) NO 5. 간담회

| 수업명 | 간담회 |
|---|---|
| 일시 | 2010년 12월 23일(목) 10:30~11:30 |
| 핵심 개념 | • 검정고무신 수강생, 강사, 담당자 간의 교류의 시간을 마련하여 2010년 사업을 평가하며 2011년 검정고무신 프로그램을 계획하고자 한다. |
| 목표 | • 수강생, 강사, 담당자 간의 대화의 시간을 마련하여 소통이 될 수 있도록 한다.<br>• 2010년 검정고무신 프로그램 평가<br>• 2011년 검정고무신 프로그램 계획 |
| 교재 및 준비 | • 현수막, 다과, 평가자료 준비 |
| **학습 단계** | **간담회 내용** |
| 간담회 안건 | • 검정고무신 2010년 평가<br>– 수강생 노인들께서 적극적이고 성실하게 참여해주셔서 서로 의지하며 함께 할 수 있는 시간이 되었다.<br>– 교과목 수업 외에도 일상생활에 필요한 정보를 습득하고 이야기할 수 있어 좋았다.<br>– 어린 손자, 손녀들과 함께 세대를 공감할 수 있게 되었다.<br>– 2011년에도 복지관의 지원으로 검정고무신반 수업이 지속되어 5월에 있을 2011년 중학교 입학자격 검정고시에 응시하고 싶다.<br>– 여러 교과목 선생님이 수업을 진행하는 것보다 1명의 담임교사가 전과목을 가르침으로 수강생과의 관계형성 및 관리에 효과적이었다.<br>• 검정고무신 2011년 계획<br>– 2011년 검정고무신 프로그램에 참가하기를 희망하시는 노인들이 많았다. 2011년 사업에 반영하여 2011년 중학교 입학자격 검정고시 1회까지 지원하기로 결정되었다. |
| 정리 | • 검정고무신반의 문제점과 잘된 점에 대해서 이야기해 보는 시간을 가졌다. 서로에게 하고 싶었던 이야기를 하며 수강생들은 어느새 단짝 친구처럼 친해져 있었다. |
| 보완방법 | • 간담회를 상반기 하반기로 나누어 2회 진행할 필요가 있다. 사업 중간중간 수강생들과 강사와의 면담을 진행해 왔지만 서로 교감하며 이야기할 수 있는 시간이 부족했기 때문에 6개월에 1회씩 간담회를 진행할 수 있는 계획이 필요하다. |
| 프로그램 사진 |    |

## 쉬어가기

평생을 농사만 지었고 지금도 생계유지를 위해 일을 하면서 몸은 힘들지만 내가 죽기 전 원 없이 무료로 공부해보게 기회를 주셔서 감사합니다. (김경선, 72세)

수료식을 앞두고 검정고무신반 간담회를 시간을 가졌다. 평소 이야기하지 못했던 이야기들을 서로 나누고 2011년의 검정고무신반의 계획을 세우기 위해서였다. 간담회 역시 담당자와 강사뿐 아니라 직접 참여하시고 계시는 수강생과 함께 하니 좋은 의견들을 내주셨고 2011년 사업계획에 도움이 될 수 있는 정보를 제공해주셨다.

2010년 검정고무신 프로그램을 참여하시면서 수강생으로 느꼈던 이야기를 한 명씩 꺼내 놓는 시간을 가졌다. 평생을 농사만 지었던 어르신, 지금도 바다에서 바지락을 캐고, 현재도 생계를 위해 이 많은 일들을 하고 계신 어르신들은 고맙다는 말씀만 하셨다. 어르신들은 그렇게 본인이 살아온 인생이야기들을 풀어내시며 서로의 마음을 이해하듯 그새 눈물바다가 되었다. 하루에도 열두 번도 더 울었다 웃었다 하시는 우리 검정고무신반 어르신들은 아직도 순수한 소녀인 것 같다.

분위기를 바꾸기 위해 담당자는 "다른 칭찬하실 얘기 없으세요?" 라고 묻자 보충학습으로 진행되었던 대학생 교사가 있어 도움이 많이 되었던 것 같다고 말씀하셨다. 15명의 어르신들의 교육수준 및 이해 수준이 틀려 대학생 자원봉사를 통해 매주 목요일 보충 수업을 진행했던 것이다. 정규 수업에 따라갈 수 있도록 해주신 덕에 끝까지 함께 할 수 있었다는 것이었다. 대학생 자원봉사자들은 열정과 활기가 항상 넘쳐 어르신들도 함께 젊어지는 것 같다고 하신다. 담당자는 노인문해교육에 대한 경험이 부족하여 구체적인 상황에 따른 대처행동 및 준비에 있어 서툰 점에 대해 간담회를 통해 양해를 구했다.

간담회를 마지막으로 공식적인 2010년 검정고무신반 프로그램은 종결되었다.

2011년에도 검정고무신반 수업은 지속적인 관리를 통해 프로그램이 지속되고 있으며 일상생활과 생활정보를 함께 습득할 수 있도록 학습지도를 중점적으로 실시하고 있다.

간담회는 상반기와 하반기 연 2회 실시하는 것이 프로그램에 도움이 많이 된다. 프로그램을 계획하고 수정하기 위해 간담회가 필요한 것도 있지만 수강생 개개인의 배움의 자세를 돌아보고 자신만의 새로운 목표와 계획을 설정할 수 있도록 도와주는 역할을 한다.

### (6) NO 6. 수료식

| 수업명 | 수료식 |
|---|---|
| 일시 | 2010년 12월 23일(목) 11:30~13:30 |
| 핵심 개념 | • 수료식을 통해 그동안 정규 수업에 결석하지 않고 참석하신 노인들을 격려하고 표창함으로써 성취의 기쁨을 함께 누린다. |
| 목표 | • 화성시 교육지원과에서 지원하는 성인문해교육 지원사업이 종결되었음을 노인들이 인식하고 수업의 원활한 마무리를 지을 수 있도록 한다.<br>• 담당자와 수강생 상호 간 감사의 마음을 전한다. |
| 교재 및 준비 | • 현수막, 수료증, 우수성적자 표창장, 성적표, 학사복 |
| 시간 | 행사내용 |
| 11:30~12:00 | • 리허설 |
| 12:00~12:05 | • 국민의례 |
| 12:05~12:15 | • 수료증 전달식, 기말고사 성적우수자, 노력상 시상 |
| 12:15~12:20 | • 관장님 기념사 |
| 12:20~12:30 | • 검정고무신 수강생 교육 수기발표 |
| 12:30~12:40 | • 기념사진촬영 |
| 12:40~13:30 | • 사진전달 및 기말고사 성적표 전달 |
| 정리 | • 개별 독사진과 단체사진을 찍으며 정리한다. |
| 보완방법 | • 3개의 공모사업 졸업식을 함께 진행하여 수료생들이 많아 초등학교에서 진행하는 졸업식과 흡사했지만 사전협의가 되지 않아 현수막이 겹치는 경우가 발생하였으며, 사전 참석자 명단 외에 불참하겠다던 노인들이 참석하여 혼선이 빚어졌다. 추후 참석자 명단을 정확히 확인하고 불참하겠다고 의사를 밝힌 수강생은 수료증을 차후에 전달하도록 한다. |
| 프로그램 사진 |      |

## 쉬어가기

학사복을 입고, 학사모를 쓰고 졸업가운을 입어보다니! ♬경사났네 경사났어~ (김정자, 70세)

검정고무신 수강생들은 끝없는 도전과 용기로 세상과 당당히 맞서 8개월 간의 길고도 짧은 수업을 수료했다.

처음으로 학사모를 쓰고 졸업가운을 입고 수료식에 참가했다. 예쁘게 단정하게 꾸미고 싶은 어르신들은 화장품을 꺼내어 조그만 거울로 치장하시기에 바쁘고 한쪽 편에서는 미용실이라도 되는 듯 보이지도 않는 머리카락을 드라이기로 정성스레 만져주고 계신다.

이날은 특히 그동안 수업의 2/3 이상을 수강하시고 학업성적이 우수한 어르신들에게 우수상 및 수료증을 전달하였다. 그 중 검정고무신 프로그램에 김경선 어르신이 대표로 소감문을 발표했다. 한글을 배우고 내 감정과 생각을 말로 표현할 수 있는 일들은 꿈만 같은 이야기다.

아직 검정고시에 응시하지 않았지만 수료식을 통해 성취의 기쁨을 함께 누리고 어떤 어려움 속에서도 끝까지 목표를 이루기 위한 노력을 할 수 있음에 수료식은 매우 중요하다고 생각되어진다.

검정고무신 프로그램을 다시 한 번 돌아보며 처음이기에 여러 가지 어렵고 힘들었던 점을 밝힌다.

첫째, 강사 수급의 어려움이 있었다. 강사모집에 있어 공개모집을 진행하였으나, 노인문해교육을 교육할 자격을 갖춘 강사를 모집하기에 어려움이 있었다.

둘째, 교재선택에 있어 어려움이 있었다. 시중에 출판되어 있는 책들은 일반인들을 위해 만들어진 참고서 및 문제집으로 글씨가 작아 연세가 많으신 어르신들이 학습하기에는 불편했다.

셋째, 주 3회 수업으로 인해 강의실이 부족하여 장소를 옮겨 다니며 수업을 진행해야 했다.

넷째, 재정 확보의 어려움이 있었다. 중학교 입학자격 검정고시 시험이 매년 2회 5월과 9월이 있음을 감안하고 단기에 끝날 수 있는 사업이 아님으로 장기적인 계획으로 한 기관에서 지속적으로 운영될 수 있는 운영비가 지급되어야 한다.

이 모든 어려움 속에서 검정고무신반이 2011년 사업을 지속할 수 있는 힘은 어르신들의 끈기와 열정적인 도전의식, 강사님의 열의 및 봉사, 지역사회의 관심으로 모든 문제가 해결되는 것 같다.

## 쉬어가기

## 날마다 기적 같은 삶, 희망이라는 불씨, 생활의 활력소, 비타민, 보약!
# 그 이름은 검정고무신반

**김진영**_검정고무신반 강사

육체는 늙어가지만, 희망은 늙지 않는다. 사람이 언제 그럴 수 있을까? 바로 비전을 갖고 있을 때가 아닐까란 생각을 해본다.

검정고무신반 강사로 이력서를 제출하고 많은 걱정과 두려움이 날 사로잡았다. 아이들에게 10년 이상 수업을 해왔지만 어르신들을 대상으로 6과목의 중입고시 과목을 가르친다는게 과연 가능할까?

그것도 한글을 겨우 소화하시는 분들이라니…. 지인을 통해 화성시남부노인복지관에 대해 알았지만, 화성시라는 곳은 결혼과 더불어 정착한 낯선 곳이었고, 펜을 놓은 지도 좀 시간이 지났기에 많은 걱정과 부담이 되었다.

그러나 나의 생각은 곧 잘못된 것임을 깨달았다. 그 두려움과 부담은 설렘과 즐거움으로 하루하루 바뀌어 갔다.

배움을 향한 어르신들의 열정은 매수업마다 나를 채찍질해 주었다.

결국 2011년 5월에 치러진 중학교 입학자격 검정고시에서 두 분의 합격자와 7분의 과목합격자가 배출되었다.

다시 9월에 2회 중학교 입학자격 검정고시를 치를 예정이다.

"나는 아식 배운 것이 적어, 다음에 보면 안 될까?" 여전히 어르신들은 걱정어린 어리광을 쏟아내신다.

물론 시험이라는 건 두려운 것이다. 하지만 또 한 번의 기적이 일어날 것이다. 그래서 불가능할 것이라고 생각하는 많은 이들을 고개 숙이게 할 것이다.

"날마다 기적 같은 삶, 희망이라는 불씨, 생활의 활력소, 비타민, 보약!"이라고 검정고무신반을 표현하시는 어르신들….

그 고백이 있는 한 우리 수강생 어르신들의 비상(飛上)은 날개를 활짝 필 것을 확신한다.

## (7) NO 7. 2011년 중학교 입학자격 검정고시 응시

| 수업명 | 중학교 입학자격 검정고시 응시 |
|---|---|
| 일시 | 2011년 5월 8일(토) 09:00~12:30 |
| 핵심 개념 | • 2011년 중학교 입학자격 검정고시 응시를 통해 지난 1년간 배워온 학습에 대한 평가를 받고 중학교 입학자격 검정고시 자격증을 취득해 자신감 및 자아실현을 하고자 한다. |
| 목표 | • 학습평가를 받는다.<br>• 중학교 입학자격 검정고시 자격증을 취득해 자신감 및 자아실현을 한다. |
| 교재 및 준비 | • 연필, 볼펜, 지우개, 주민등록증, 수험표 |
| 학습 단계 | 수업내용 |
| 주의사항<br>09:30~10:00 | • 주의사항 전달<br>– 검정고시 시험 유의사항 전달<br>– 답안지 작성 방법 설명 |
| 1교시<br>(10:00~11:00) | • 국어(20문항)<br>• 사회(20문항)<br>• 과학(20문항) |
| (11:00~11:30) | 휴식시간 |
| 3교시<br>(15:00~16:00) | • 산수(20문항)<br>• 실과(20문항)<br>• 도덕(20문항) |
| 준비과정 | • 노인들의 집과는 약 1시간 정도 떨어진 시험장에 가기 위해 복지관에서 차량을 지원받아 이동하였다. |
| 프로그램 사진 |     |

## 쉬어가기

아무리 가까운 길이라도 가지 않으면 도달하지 못하며 아무리 쉬운 일이라도 하지 않으면 이루지 못한다. (정순자, 66세)

2011년 제1회 중학교 입학자격 검정고시 시행계획이 경기도교육청에 공고되었다.

기대감으로 계획 공고를 보았는데 어르신들이 신청하기에는 신청절차가 쉽지가 않다.

우선 담당 사회복지사가 접수하는 것으로 결정하고 어르신들에게 준비할 서류에 대해 말씀드렸다. 신분증과 사진 2매를 준비해야 한다. 어르신들은 그 흔한 사진 한장이 없으시다고 하신다. 사진을 내려면 어디서 찍어야 하지? 그럼 시내버스를 타고 1시간을 나와야 하나? 가격은 얼마나 하지? 우리가 평상시 쉽게 찍을 수 있고 가지고 올 수 있는 반명함 사진도 어르신들은 힘드신가 보다. 방법을 간구하다가 어르신들에 편의를 제공하여 디지털카메라로 사진을 찍고 컬러프린트를 활용해 반명함 사진을 만들어 낸다.

제출서류를 준비해서 경기도 교육청에 13명의 어르신의 원서를 접수하고 응시원서를 받아 왔다.

시험 응시 당일 필요한 응시원서는 복지관 담당 사회복지사가 보관했다. 원서 접수를 마쳤는데도 어르신들은 자신 없어 하는 표정과 말투시다.

담당 사회복지사와 강사는 시험에 응시하기 전까지 지속적으로 어르신들이 시험에 응시할 수 있도록 설득해야만 했다.

시험응시 당일 끝내 2명의 어르신들은 나오시지 않았다. 긴장하고 계시는 어르신들의 마음을 풀어드리기 위해 초콜릿과 볼펜, 연필, 지우개를 예쁘게 포장하여 준비해 선물을 나누어 드렸다. 어르신들은 "그래 까짓것, 여적 했는데 0점이야 맞겠어?" 하시며 다시 마음을 가다듬으신다.

꼭 만족할 만한 성과를 얻기 위해 도전하는 것은 아니지만, 최선을 나한다면 좋은 결과가 따라오는 법. 2명의 어르신이 전과목을 합격하시고 7명의 어르신이 과목합격을 하셨다.

2011년 중학교 입학자격 검정고시 시행횟수가 확대됨에 따라 9월 제2회 중학교 입학자격 검정고시가 시행된다. 또 한 번의 기적을 기대하며 오늘 하루도 어르신들은 딱딱한 의자에서 잘 보이지 않는 작은 글씨에 책을 넘기시며 끊임없이 노력하고 계신다.

## 쉬어가기

# 문해교육 '검정고무신' 참여 1년 후 당당히 중학교 입학자격 검정고시 합격

나에게도 이런 날이…. 1년이란 시간을 힘들게 또 즐겁게 달려왔다. 두 근 반 세 근 반 두근거리는 가슴을 안고, 시험을 보았는데 합격이라니! 70이 훌쩍 넘어버린 나이에 중학교 입학자격 검정고시 합격을 하고보니 세상을 살아갈 용기가 좀 더 생긴다. 복지관, 담당 사회복지사, 강사, 그리고 옆에서 항상 지지해주고 격려하며 함께 해온 나이 차이 나는 나의 동료들…. 이 모든 분들에게 감사하며 나 자신에게도 박수를 보내고 싶다. **(박삼애, 70세)**

평생을 시어머니를 모시고 사랑하는 남편과 함께 지내왔다. 글을 알지 못해 불편한 적도 많았고 남이 알까 부끄러운 마음을 항상 숨기고 있었다. 검정고무신반을 참여하면서도 나에게는 힘든 일이 연속이었다. 공부를 하면서도 집에 계신 어머니와 남편의 식사를 걱정해야 했고, 8시 30분에 복지관을 오는 버스를 타기 위해 아침부터 모든 준비를 마쳐야만 했다. "70을 바라보고 있는 지금, 내가 이걸 해서 뭐하려고 그러는 것이지?" 하는 생각도 했지만 그때마다 함께 고생하는 사람들이 있었기에 나는 이제서 중학교 갈 자격을 얻게 되었다. 두려웠고 커보였던 세상은 이제 당당함으로 살아갈 수 있으며 모든 것에 도전할 수 있는 자신감이 생긴다. (정순자, 66세)

## 쉬어가기

# 가난한 문맹이었던 성룡, 월드스타 된 비결은?

100편이 넘는 영화대본을 통째로 암기해 촬영했다는 성룡. 그러나 여기에는 그의 어린 시절 슬픈 사연이 담겨 있다. 가난했던 집안형편 때문에 부모님과 떨어져 홀로 경극학교에 보내진 그는 하루 종일 혹독한 무술연습으로 정규교육을 받지 못한 탓에 문맹이 되었다.

결국 성룡은 데뷔 이후에도 글씨를 제대로 읽지 못해 주변 사람들에게 대본을 읽어 달라고 부탁했고 남의 대사까지 통째로 암기할 수밖에 없었다.

출처: 마이데일리(2011. 9. 8.). 가난한 문맹이었던 성룡, 월드스타 된 비결은?

## 2 청각장애인의 배움터 '늘 푸른 교실'

### 1) 프로그램 계획 및 준비과정

청각장애인이라 함은 선천적이거나 후천적인 요인으로 청각에 이상이 생겨 소리를 듣지 못하는 사람이다. 이들을 위한 성인 문해교육 사업을 진행하는 곳을 찾아보기 힘들다. 대부분의 사람들은 청각장애인에 대한 문해교육을 한글을 쓰는 정도로 생각하지만 말할 수도 들을 수도 없는 청각장애인에게는 문해교육으로 수화가 꼭 필요하다. 비장애인에게 한글교육이 있다면 청각장애인에게는 수화가 있다. 주로 장애인종합복지관에서 이런 프로그램들이 운영되고 있다.

화성시의 특성상 아직 장애인종합복지관이 설치 운영되지 않았으며, 경기도가 운영하고 있는 장애인복지관은 지리상으로 청각장애인 노인들이 이용하기에 접근성이 떨어진다. 이에 화성시남부노인복지관에서는 경기도·화성시에서 지원하는 성인 문해교육 지원사업에 공모하여 청각장애인을 대상으로 2010년 5월부터 2011년 5월까지 교육사업을 진행하였고, 현재도 진행중에 있다.

화성시남부노인복지관은 2009년 1월부터 청각장애인을 위한 노인대학 프로그램과 수화노래 프로그램을 진행해 본 경험으로 수강생들의 특성을 파악하여 프로그램을 계획하였다. 이에 따라 프로그램 속에서 일상생활에 필요한 한글과 수화교육뿐 아니라 의사소통 수단의 획득 및 능력향상을 위해 프로그램을 개설하였다.

**TIP** 청각장애의 정의 및 특성

귀에서부터 뇌에 이르기까지 청각전달에 관여하는 기관 중 어느 부분에 이상이 생겨 소리를 듣지 못하거나 들은 소리의 뜻을 정확하게 이해하지 못하는 경우를 총칭하여 청각장애라고 하며(나운환, 2008), 청력손실의 정도에 따라 특정 강도 이상의 소리를 듣지 못하는 경우를 농(deaf)으로, 그보다 청력손실의 정도가 양호한 경우를 난청(hard of hearing)으로 분류한다(이규식 외, 2004).

| 표 3-1 | 청각장애 등급 및 세부 정의

| 장애 유형 | 등급 | 세부 정의 |
|---|---|---|
| 청력을 잃은 사람 | 2급 | 두 귀의 청력을 각각 90dB 이상 잃은 사람(두 귀가 완전히 들리지 아니하는 사람) |
| | 3급 | 두 귀의 청력을 각각 80dB 이상 잃은 사람(귀에 입을 대고 큰 소리로 말을 하여도 듣지 못하는 사람) |
| | 4급 | 두 귀의 청력을 각각 70dB 이상 잃은 사람(귀에 대고 말을 하여야 들을 수 있는 사람)과 두 귀에 들리는 보통 말소리의 최량 명료도가 50% 이하인 사람 |
| | 5급 | 두 귀의 청력을 각각 60dB 이상 잃은 사람(40cm 이상의 거리에서 발성된 말소리를 듣지 못하는 사람) |
| | 6급 | 한 귀의 청력을 80dB 이상 잃고, 다른 귀의 청력을 40dB 이상 잃은 사람 |
| 평형기능에 장애가 있는 사람 | 3급 | 양측 평형기능의 소실로 두 눈을 뜨고 직선으로 10m 이상을 지속적으로 걸을 수 없는 사람 |
| | 4급 | 양측 평형기능의 소실 또는 감소로 두 눈을 뜨고 10m를 걸으려면 중간에 균형을 잡기 위하여 멈추어야 하는 사람 |
| | 5급 | 양측 평형기능의 감소로 두 눈을 뜨고 10m 거리를 직선으로 걸을 때 중앙에서 60cm 이상 벗어나며, 복합적인 신체운동은 어려운 사람 |

출처: 장애인복지법 시행규칙(2009. 1. 1. 개정) 별표 1 규정에서 발췌.

### 2) 집단 구성과 실시배경

화성시남부노인복지관을 이용하고 있는 청각장애인 노인들은 약 25명 정도의 노인이다.

'늘 푸른 교실'의 특징은 대상이 청각장애인에만 국한되어 있지 않고, 비장애인에게도 개방되어 통합 교육을 진행하고 있다는 점이다. 비장애인들도 청각장애인의 관점에서 봤을 때 수화를 하지 못하는 것은 문맹자로 인식할 수 있기 때문이다. 집단 대부분의 수강생이 청각장애(농)인으로 구성된 점을 감안하여 담당 사회복지사는 그들의 특성을 이해하고자 했다.

사업을 준비하기에 앞서 화성시남부노인복지관 관장 · 국장이 청각장애인에 대한 복지 사업을 수십 년 간 해왔기에 자문과 슈퍼비전을 지속적으로 받으며 프로그램을 기획하게 되었다.

본 프로그램은 청각장애인들을 대상으로 하기 때문에 청각장애인의 특성을 고려해야 한다. 이에 청각장애인의 특성을 살펴보면 다음과 같다(이준우, 2004).

첫째, 그 장애가 외형적으로 뚜렷이 드러나지 않고, 다른 장애유형에 비해 이동 및 활동의 제약이 없다는 것을 알 수 있었다.

둘째, 청각장애인은 인지력에 결함이 있는 것이 아니고 수학과 읽기에서 또래들보다 뒤떨어진다는 것을 감안하여 반복학습을 진행할 수 있는 계획안을 마련하였다.

셋째, 심리사회적으로 청력손실을 가지고 자랐을 때 가장 큰 결과는 다른사람이 말하는 단어를 인지하는 데 어려움이 있고 이는 언어 기술을 발달시키는 능력에 직접적인 영향을 미친다는 것이다. 또한 생애초기에 의사소통기술을 제대로 습득하지 못했다는 사실은 그 사람의 인성 및 사회성 발달에 심대한 영향을 끼친다는 점에 유의했다.

넷째, 교육적 특성으로 상대방의 언어를 최대한 이해할 수 있는 독화훈련(speech reading training)으로 상대방의 입모양이나 표정을 의도적으로 주시하는 방법을 교육해야 한다.

## Q 청각장애(농)인의 의사소통 방법

청각장애(농)인의 의사소통 방법에는 크게 구화, 수화, 필담, 듣기 등이 있다. 이에 대해 이준우(2004)는 다음과 같이 정리하고 있다.

### 1 ··· 독화(讀畵 lip-reading)와 구화(口話)

상대방의 입술을 보면서 입 모양의 변화에 따라 상대방의 말을 이해하는 방법이다. 말을 하는 사람의 입장에서는 구화(口話)가 되며, 말을 듣는 사람의 입장에서는 독화(讀畵)가 되므로 구화, 독화에 의한 대화방법이라 할 수 있다.

구화교육이란 문자 그대로 입을 열어 말하게 하는 교육으로 '청각장애아에게 언어를 이해시키고 상대와 원활하게 의사소통할 수 있게 하여 일반학교와 사회에 완전 통합할 수 있게 하는 것'을 이념으로 한다. 그러나 독화에는 그 정보량에 한계가 있고, 발어(發語)에는 피드백 효과가 불확실한 관계로 불명료하기 쉬우며, 또한 감정 표출도 곤란한 점이 많다. 그래서 구화만 사용하는 경우는 극히 적고, 필담이나 수화를 함께 사용하는 경우가 많다.

### 2 ··· 수화(手話)와 지화(指話)

손으로 의사전달을 하는 방법으로서 수화는 손으로 단어나 문장을 표현하는 방법이고, 지화는 손가락으로 한글의 자모를 표시하는 방법이다.

수화는 청각장애(농)인 사회에서 사용되는 의사소통의 양식이며 청각장애(농)인들에 의해 창조된 손으로 표현되는 언어이다. 즉, 수화는 음성체계가 아닌 시각 체계이다. 사실 그것은 말하지 못하는 사람들의 어설픈 손짓이었으며, 청각장애(농)인의 안타까운 절규로부터 출발한 한(恨)의 언어이다. 무언가 표현하고 싶은데 방법은 없고 그래서 손짓을 하게 되었고 그것이 '언어화'된 것이다.

이러한 수화가 점차적으로 언어의 모습을 찾아가게 되었고, 결국 현대에 이르러서는 언어로서의 고유한 영역을 가지게 되었다. 음성언어와는 다른 문법, 다른 표현방법, 다른 뜻을 가진 하나의 독립된 언어로 발전해 가고 있는 것이다.

### 3 ··· 필담(筆談)

듣지 못하거나 말하지 못하는 사람과 대화할 때 글을 써서 이야기를 나누는 방법으로 내용 전달 면에서 완벽하게 전달하고 전달받을 수 있다는 장점이 있다. 그러나 두 사람이 대화할 때만 효과가 있을 뿐 여러 사람이 함께 필담으로 토론하는 것은 불가능하다. 또한 청각장애(농)인 중에 수화만 알고 일반 언어를 잘 모르는 사람이 있는데 이런 경우 일반 언어의 문법체계에 따른 글을 잘 이해하지 못하는 경우가 있다. 필담은 대화자들 서로가 자기 의사를 글로 충분히 표현할 수 있어야 가능한 방법이다.

### 4 ··· 듣기

보청기, 인공와우수술의 발달과 청능훈련의 발달로 상당한 효과를 보고 있는 방법이다. 이 방법은 나이가 어릴수록 효과가 있고 나이가 든 후에는 습득하기 어려운 난점이 있으며, 청력 상태에 따라 효과가 없는 경우가 많이 있다. 즉 '듣기'의 방법은 조기교육을 받았으며 동시에 청력상태가 좋은 소수의 청각장애(농)인들에게만 가능하다.

청각장애인의 대략적 이해를 마친 담당자는 관내 게시판을 통해 홍보하고, 청각장애인 노인대학, 수화노래 시간, 화성시 농아인협회를 중심으로 홍보하며 수강생 20명을 모집했다.

수강생, 강사, 담당 사회복지사는 '늘 푸른 교실'을 통해 지식정보사회에서 가장 소외되는 청각장애인에게 일상생활에 필요한 한글과 수화교육을 통하여 의사소통 수단의 획득 및 능력을 향상시켜 정보격차의 해소, 노인의 자아실현, 사회적 통합 증진을 하고자 했다.

프로그램 진행기간은 2010년 5월부터 2011년 5월까지로 정리하였으며, 매주 목요일에 4시간씩 진행되었다. 구성원을 살펴보면 청각장애를 가진 노인들이 16명, 비장애 노인이 4명으로 구성되었다. 출석률은 70% 이상으로 결석의 이유는 질병이 가장 많았다. 매 수업시간마다 출석체크를 통해 강사 및 담당자가 결석생을 관리하였고, 수업에 빠지지 않고 중간에 포기하지 않도록 프로그램 진행 후 2개월을 수시로 전화 및 방문상담을 진행하였다. 개방된 곳을 원하지 않는 청각장애인 노인들의 욕구를 반영하여 프로그램 장소는 본 복지관 소강당에서 진행되었다 .

### 3) 프로그램 한눈에 살펴보기

① 정규 수업

한글 및 수화교육과 생활에 필요한 정보를 전달하는 시간을 주 1회 4시간을 진행하였다.

② 중간고사, 기말고사

정규 수업 4개월, 8개월 진행 후 중간고사 및 기말고사를 실시하여 학습력을 점검해보는 시간을 가졌다.

③ 체험학습

화성시 병점동에 있는 홈플러스 지원으로 청각장애 노인들의 학습동기를 증진시키고, 학습한 내용을 실생활에 적용해보는 체험학습을 진행하였다.

④ 수료식

수강생 20명 중 20명이 수료하였고 함께 한 시간을 되새기며 정리하는 시간이 되었다.

'프로그램 한눈에 보기' 에서 5회로 구성된 프로그램의 핵심 개념과 진행사항에 대하여 작성하여 제시하였고 각 프로그램의 대한 수강생들의 반응 및 보완방법을 제시하여 다음 프로그램 준비시 도움이 될 수 있도록 작성되었다.

## 4) 과정기록

### (1) NO 1. 어제는 저런 일, 오늘은 이런 일

| 수업명 | 정규수업 | |
|---|---|---|
| 일시 | 2010년 6월 3일(목), 10:00~15:00 | |
| 핵심 개념 | • 청각장애인노인들에게 한글 및 수화교육을 제공하여 의사소통을 활성화시키고 정보격차를 해소한다. | |
| 목표 | • 한글 및 수화교육울 진행한다.<br>• 일상생활 정보를 제공한다. | |
| 교재 및 준비 | • ≪소망의 나무≫ 1~4권, ≪배움의 나무≫ 5~8권, ≪지혜의 나무≫ 9~12권 | |
| 학습 단계 | 수업내용 | 수강생 반응 |
| 1교시<br>(10:00~12:00) | • 자음과 모음, 지숫자, 인적사항 | • 처음 배워보는 기본 수화와 한글이 아직은 낮설고 어렵기만 하다고 하신다. 하지만 자음과 모음을 이용해 쉬운 낱말을 만들어 보신다. |
| 점심시간(12:00~13:00) | | |
| 2교시<br>(13:00~15:00) | • 인사, 요일과 시제, 날씨와 자연 | • 평소 많이 사용하는 수화이고 단어이기에 노인들은 호기심도 많고 열심히 배우려고 노력중이시다. |
| 정리 | • 하루 느낌과 생각을 발표하는 시간을 갖는다.<br>• 정규 수업에 배운 수화를 통해 오늘의 뉴스정보를 제공해 주신다. | |
| 보완방법 | • 수강생들의 수준의 차이가 많았다. 수화를 해보신 적이 없는 수강생부터 수화는 알지만 한글을 모르는 노인까지 다음 시간에는 평가를 통해 개개인의 수준을 파악해 보아야겠다. | |
| 프로그램 사진 |  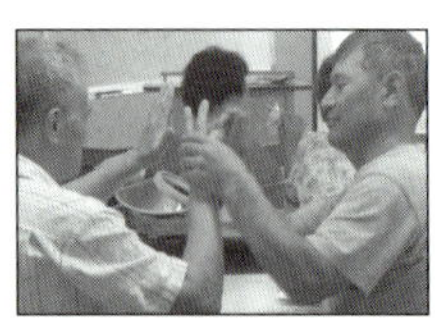  | |

## 쉬어가기

세상에 이런 많은 일이 일어나고 앞으로는 이런 일들이 생겨난다니! 장애가 있다는 것에 평생을 속상해 하며 살았습니다. 하지만 전 오늘부터 크고 작은 꿈을 꿈꾸며 세상을 위해 배우고 또 배웁니다.

(한흥만, 67세)

늘 푸른 교실은 타노인복지관에서 진행하는 성인문해 교육지원사업과는 차이가 있습니다. 우선 첫 번째로 대상자에 있어 일반 노인만이 아닌 청각장애를 가지고 있는 어르신들이 계시고 그 안에 통합교육을 진행하기 위한 일반 어르신이 함께 하기 때문입니다. 두 번째, 배워야 할 것도 일반 어르신들에 비해 1가지가 더 있습니다. 바로 수화입니다.  늘 푸른 교실에서는 수화, 한글을 배워야 하고 일상생활에 필요한 정보를 알 수 없기 때문에 정보제공을 위한 수업도 진행합니다. 정말 바쁘게 움직여야 하는 수업입니다.

첫 수업시간에는 자음과 모음, 지숫자, 인적사항에 대해 수화와 한글을 함께 가르쳤습니다. 수강생을 모집하기에 앞서 각 개인의 문해실력을 파악하지 못해 수업진행에 있어 힘이 들었습니다. 한쪽에서는 수화를 알고는 계시지만 한글을 모르시고, 또 한쪽에서는 수화도 한글도 모르시는 분들이었습니다. 하지만 제일 걱정은 수화를 알고 계신 어르신의 수화가 우리가 흔히 사용하는 표준 수화가 아닌 어깨너머로 배운 말 그대로 대충수화였습니다. 어떻게 해야 할지 첫수업에서 강사님은 막막해 하셨습니다. 테스트를 할 수 있는 자료를 준비해오지 않았으니 다음 주에 해보기로 하고 간단한 수업을 시작했습니다. 장애 어르신들도 비장애 어르신들도 수업의 집중하시며 열심히 따라하십니다.

점심시간이 되었지만 어르신들은 복습하시기에 여념이 없습니다.

오후 수업에는 일상생활에서 가장 많이 사용되는 인사, 요일과 시제, 인적사항에 대해 수업을 진행했습니다. 실생활에서 많이 사용되는 부분이기에 어르신들은 더 많은 노력과 집중도를 보이십니다.

수업을 마치며 청각장애인 어르신들에게 사회적으로 이슈가 되고 있는 정보를 제공합니다. 인터넷으로 신문뉴스 사진을 보여드리며 힘들지만 오늘 배운 지화를 통해 설명해 드렸습니다. 아직은 수화에 대해 또 한글에 대해 깊숙이 알지 못하지만 늘 푸른 교실이 종료될 12월에는 어르신들께서 세상과 가까워질 것으로 기대하며 하루 수업을 마쳤습니다.

강사님은 참 바쁜 하루를 보내셨습니다. 수업을 하실 때마다 웃는 모습으로 손과 표정으로는 수화를, 입으로는 비장애 어르신을 위한 말을 전달하셨습니다.

늘 푸른 교실에 지속적인 수업을 통해 장애 어르신과 비장애 어르신이 함께 어울리고 친구가 될 수 있을 것 같은 기대감이 생기게 되었습니다.

## TIP 노인교육은 이렇게?

**노인교육은 교육 참가자의 특성에 대한 고려가 무엇보다 중요하다. 노인들의 특수한 환경과 문제점을 사전에 세밀히 분석한 다음 그러한 문제 중심으로 노인들 스스로 문제의 해결에 적극 참여할 수 있도록 뒷받침되어야 할 것이다. 펄켄(L. Veelken)의 노인교육 방법 4가지 교육과정은 다음과 같다.**

1. 대화와 토론을 통한 교육방법(Dialektische Lermen)이 필요하다. 교육대상자가 외부로부터 아무런 압박감이나 구속감을 느끼지 않고, 자기 생의 주인이 자신이라는 생각을 가지고 자기가 살아온 생과 앞으로의 생활을 노인 스스로 계획할 수 있도록 도와주는 방법이다.
2. 내용 자체보다 그것의 의미를 찾고(Bedeutugslernen) 그 연관관계를 새롭게 조명하는 것을 배울 수 있게 하는 교육방법이다. 노인교육의 대상자는 특히 많은 인생의 경험을 가지고 있다. 반면에 경험해 보지 못한 부분도 많을 수밖에 없다. 이렇듯 경험해본 부분과 경험하지 못했던 부분을 교육을 통해서 연결시킬 수 있고, 그 연결시키는 과정에서 새로운 인생의 의미를 부여할 수 있어야 한다.
3. 집단 혹은 그룹학습이다(Gruppenlernen). 산업화 사회에서 노인일수록 소외당할 요소가 크다고 볼 수 있다. 이에 다른 사람들과 접촉하고 어떠한 집단에 속하여 상호교육를 통해 본인의 소외감을 해소시킬 수 있다. 동시에 그룹학습를 통해 다른 사람과 함께 어떠한 일을 같이 할 수 이는 것을 배우게 되고, 상호교류를 통해 서로의 견해를 넓히는 계기가 될 수 있다.
4. 상호교환석인 학습이다(Exchange Learning). 노인이 교육대상자인 교육현장에서는 누가 특별히 교사고 학생일 수 없다. 노인들은 무엇을 배우러 온 학생이라기보다는 배워야 할 사항이 무엇인가가 중요하여, 이것을 어떻게 함께 풀어갈 지가 핵심과제이다. 그렇게 때문에 모인의 학습 활동은 교사에 의한 일방적인 지시나 학습자의 맹목적인 추종관계가 이니라 상호 공동으로 모색하고 선택되어야 한다. 또한 가르치는 사람과 배우려는 사람 사이에 서로 역할을 바꿔가면서 문제해결에 접근해 보는 방법도 하나의 좋은 방법이 될 것이다.

## (2) NO 2. 배움의 끝은 멀다는 것

| 수업명 | 중간고사, 기말고사 | |
|---|---|---|
| 일시 | 2010년 9월 30일(목) 10:30~11:30 | |
| 핵심 개념 | • 수강생을 대상으로 4개월 간, 8개월 간 학습한 한글과 수화를 중간 점검하여 앞으로 수업의 방향을 제시하고 수강생들의 자아존중감 향상에 이바지한다. | |
| 목표 | • 한글과 수화에 대해 중간 점검하고 앞으로의 수업 방향을 제시한다.<br>• 일상생활 정보를 제공한다. | |
| 교재 및 준비 | • 중간고사 시험지 20부 | |
| 학습 단계 | 수업내용 | 수강생 반응 |
| 1교시<br>(10:00~10:30) | • 자율학습 및 시험시 유의사항 전달 | • 시험시 유의사항을 전달하지만 노인들은 떨지 않고 자신있다고 수화로 말씀해주신다. |
| 2교시<br>(10:30~11:30) | • 중간고사 시험 | • 자신있다던 노인들의 모습에서 근심과 걱정이 보이며 비장애 노인들은 한숨까지 내어쉬신다. |
| 정리 | • 수고하신 노인들께 함께 박수를 치고 시험을 마무리했다. | |
| 보완방법 | • 자신있어 하셨던 노인들이 시험 문제를 풀어보시고 자신감이 많이 결여된 듯 보였다. 수고하신 노인들에게 핸드폰 문자를 전송했다.<br>• 수강생들의 성적이 32~84점까지 다양하게 산출되었다. 성적에 대해 1등에서 3등까지 공개하고 나머지 개개인 노인들과는 상담을 진행했다. | |
| 프로그램 사진 |    | |

## 쉬어가기

배움의 끝은 끝이 없다고 하죠? 이렇게 많은 나이에 새로운 것에 도전하고 새로운 것을 배울 수 있는 화성시남부노인복지관은 나에게 소금과 같은 존재입니다. 심심하고 무기력했던 나의 인생을 감칠맛나게 만들어 주었습니다. (백명숙, 85세)

늘 푸른 교실 수업을 진행한 지 4개월이라는 시간이 훌쩍 넘어버렸다. 20명의 수강생을 대상으로 4개월 간 학습한 한글과 수화를 중간 점검하는 시간을 가졌다. 비장애를 가지고 있었던 검정고무신반 어르신들과는 달리 시험에 자신있으시다는 우리 어르신들의 모습에서 담당자는 안도에 한숨을 내쉰다.

잠시 후 2주 전에 예고되었던 중간고사 시험을 실시했다. 시험지를 받아든 어르신들의 모습에는 방금 전까지 장난치시고 웃고 계셨던 모습을 찾아보기 힘들다. 근심과 걱정이 얼굴에 크게 쓰여 있었다. 잠시 후 시험을 마치시고 어르신들은 쉽게 자리를 떠나지 못하신다. 아무래도 시험문제가 너무 어렵게 출제된 것 같다.

한 명 한 명의 어르신들을 격려하고 집에 돌아가실 수 있도록 지도했다. 담당자와 강사는 떨리는 마음을 진정시키고 시험지를 채점하기 시작했다. 천차만별의 시험점수였다. 첫 번째 수업시간에 있었던 수준의 차이가 4개월이 지난 지금에도 나타났다. 담당자와 강사는 이 부분을 어떻게 해결할 수 있을지에 대해 함께 고민한다. 결국 수준 차이를 1:1 과외를 통해 수업을 진행하기로 했다. 자원봉사를 활용해 중간고사 이후 1시간씩 보충 수업을 진행하기로 결정했다.

2주후 시험점수가 공개되었고, 1~3등까지의 성적만을 공개하였고 이들에 대한 시상식을 진행하였다. 나머지 수강생들의 성적은 부끄러워하고 낙심할 것 같아 공개하지 않았다. 성적차이가 많이 났던 수강생 6명은 개인면담을 통해 보충 수업을 진행할 수 있도록 계획을 세웠다.

## (3) NO 3. 홈플러스와 함께 하는 체험 현장

| 수업명 | 체험학습 |
| --- | --- |
| 일시 | 2010년 7월 6일(화), 10:00~17:00 |
| 핵심 개념 | • 체험학습을 통해 청각장애 노인들에게는 학습동기를 증진시킴은 물론이며, 학습한 내용을 실생활에서 적용해보는 시간을 가진다. 또한 비장애인과 장애인이 함께 사회적 통합을 할 수 있도록 지원한다. |
| 목표 | • 학습동기를 증진시킨다.<br>• 사회적 통합을 지원한다. |
| 교재 및 준비 | • 사전답사, 현수막, 여행자보험, 간식, 차량섭외, 비상약 준비, 명찰 |
| 시간 | 수학여행 일정 |
| ~10:30 | • 준비물, 인원체크 |
| 10:30~11:30 | • 홈플러스 병점점 이동 |
| 11:30~12:00 | • 홈플러스 초청 기념식(취지 및 일정안내) |
| 12:00~13:00 | • 점심식사 |
| 13:00~15:00 | • 편의시설 체험(조별 이동)<br>– 안경원 시력검사 및 돋보기 안경 지원<br>– 치과 구강검진 및 스케일링 지원<br>– 코닥 영정사진 촬영 지원<br>– 미용실 헤어 컷 지원<br>– 미플 피부관리 체험 지원<br>– 네일아트 체험 |
| 15:00~15:30 | • 간식 제공(롯데리아, 더 카페 지원) |
| 15:30~16:00 | • 기념사진 촬영 및 선물 증정 |
| 16:00~17:00 | • 복지관 이동 |
| 정리 | • 하루 느낌과 생각을 발표하는 시간을 갖는다. |
| 보완방법 | • 좋은 기회를 허락하신 홈플러스 관계자 및 점장님께 추후 청각장애인 노인들이 직접 작성하신 감사 편지를 발송해 드림으로써 감사의 마음을 전달했다. |
| 프로그램 사진 |  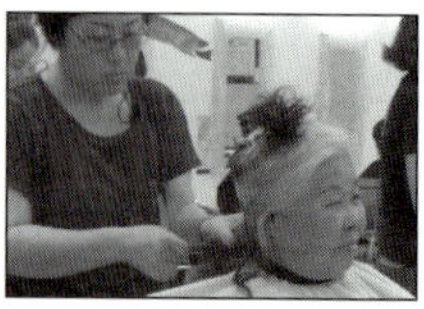 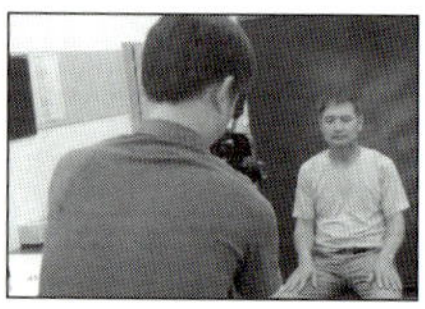 |

## 쉬어가기

친구란 힘든 날에도 품어주고 안아줄 수 있는 관계일 것이다. 청각장애와 시각장애를 가지고 있는 나는 늘 푸른 교실을 통해 같이 웃고, 같이 울었고, 슬플 때, 기쁠 때, 행복할 때, 지칠 때도 힘을 줄 수 있는 동무들이 생겼다. (김기옥, 73세)

그동안 배웠던 일상생활정보, 일상생활 능력에 대해 실생활에서 적용해 볼 수 있는 기회가 주어졌다. 그것도 별도의 예산을 사용하지 않고 비예산으로 체험할 수 있었다. 어르신들께 체험학습에 대해 설명해드리고 신청접수를 나눠드리니 이쪽저쪽에서 손이 발 빠르게 움직이고 비장애 어르신들은 흥분된 목소리로 이야기를 나누셨다. 다음 주까지 신청서를 작성해 달라고 말씀드렸으나 수강생들은 일제히 담당자의 수화와 말은 듣지 않고 신청서를 작성하시기에 바쁘다.

비장애인보다 체험할 수 있는 기회가 적기 때문에 어르신들은 그동안 문화기회 및 체험활동을 즐기지 못해 왔다.

사전에 담당자는 이동에 있어 대중교통을 이용하면 좋겠지만 복잡하고 교통편이 좋지 않은 것을 고려하여 복지관 셔틀버스로 사용되고 있는 둘로스관광여행사의 버스를 후원받아 수강생들이 편하게 이동할 수 있도록 했다.

그리고 화성시에 거주하고 계시고 그동안 체험학습을 경험해보지 못했다는 어르신 5명을 추천받아 총 25명의 어르신들과 함께 체험학습을 하실 수 있도록 지원했다.

체험학습 당일 어르신들에게 간편한 복장으로만 오시면 된다고 말씀드렸는데, 양손에는 먹거리가 가득하다. 버스 안에서 이들은 함께 어우러져 간식을 나누어 먹었다.

홈플러스에 도착한 후 점장님이 이번 체험학습을 실시하게 된 취지 및 일정에 대해 설명해 주셨다. 설명을 마친 후 푸드 코트에서 자율식사를 했다. 수강생들의 취향대로 골라먹을 수 있도록 홈플러스에서 배려해 주신 것이다. 맛있는 점심식사를 마치고 홈플러스에 있는 편의시설을 체험했다.

그동안 넉넉하지 못한 생활에 받지 못했던 검진도 받고, 피부관리, 네일아트, 미용실에서 헤어 컷까지 지원받았다.

2시간 정도 정신없이 체험을 마치고 마지막 체험으로 여유와 오늘 하루를 평가할 수 있는 시간도 제공받았다. 향기로운 커피와 먹어보지 못했던 요거트 스무디 등 차를 마시며 제각기 홈플러스 관계자들에게 고맙다고 줄지어 인사하신다.

평상시 마음만 먹으면 해볼 수 있는 것들이지만 청각장애를 가지고 계신 어르신들께는 쉽지 않은 일이다. 비장애인들과 대화가 되지 않기 때문이다.

세상의 체험을 통해 또 하나의 세상을 배울 수 있는 시간이었다.

추후 수강생들이 감사 편지를 작성하여 우리에게 주어졌던 하루가 얼마나 감사했었는지 홈플러스 관계자들에게 보내드려 감사함을 표시했다.

(4) NO 4. 수료식

| 수업명 | 수료식 |
| --- | --- |
| 일시 | 2010년 12월 23일(목), 11:30~13:30 |
| 핵심 개념 | • 수료식을 통해 그동안 정규 수업에 결석하지 않고 참석하신 노인들을 격려하고 표창함으로써 성취의 기쁨을 함께 누린다. |
| 목표 | • 화성시 인재육성과에서 지원하는 성인문해교육 지원사업이 종결되었음을 노인들이 인식하고 수업의 원활한 마무리를 지을 수 있도록 한다.<br>• 담당자와 수강생 상호 간 감사의 마음을 전한다. |
| 교재 및 준비 | • 현수막, 수료증, 우수성적자 표창장, 성적표, 학사복 |
| 시간 | 행사내용 |
| 11:30~12:00 | • 리허설 |
| 12:00~12:05 | • 국민의례 |
| 12:05~12:15 | • 수료증 전달식, 기말고사 성적우수자, 노력상 시상 |
| 12:15~12:20 | • 관장님 기념사 |
| 12:20~12:30 | • 늘 푸른 교실 수강생 수기발표 |
| 12:30~12:40 | • 기념사진촬영 |
| 12:40~13:30 | • 사진전달 및 기말고사 성적표 전달 |
| 정리 | • 개별 독사진과 단체사진을 찍으며 정리한다. |
| 보완방법 | • 앞에서 이야기한 바와 같이 검정고무신 프로그램과 함께 수료식이 진행되었다. 20명의 수강생 모두가 수료하였다. 1번의 리허설이 진행되었지만 설레이는 마음과 떨리는 마음에 노인들께서 인지하지 못하셨다. 추후에 사업진행시 행사전날 리허실을 1회 이상 진행해야 할 것으로 보여진다. |
| 프로그램 사진 |    |

## 쉬어가기

장애인과 비장애인 모두가 불편함이 없는 편안한 세상! 나에게는 비장애인 친구가 생겼습니다. 한 개의 촛불로 많은 촛불에 불을 붙여도 처음의 불이 꺼지지 않는 것처럼 나에게 비장애인 친구 1명을 통해 10명 아니 100명의 친구가 생길 것입니다. (모종예, 67세)

드디어 기다리고 기다리던 수료식 날 아침이다. 수료식이 시작되기 전 1시간부터 서로의 모습을 거울을 쳐다보듯 보시고 또 보신다. 서로를 챙겨주는 모습에서 정말 모두가 하나되는 모습을 볼 수 있었다.

수료식이 시작되고 관장님께서 수료증을 주시자 눈물을 보이신다. 단합이 얼마나 잘 되시는지 한 분도 빠짐없이 울음바다가 된다. 소리내어 울지는 않지만 그 눈물은 다른 사람도 울게 했다. 서로를 격려하며 땀 흘리며 공부한 시간이 스쳐지나가는 것 같다고 하셨다. 한편으로는 수료식을 마지막으로 공모 사업이 종료되는 것을 알기에 그 아쉬움에 더 슬픔을 감추지 못했던 것 같다.

수료식 내내 강사님께서는 청각장애와 시각장애를 중복으로 가지고 계신 김기옥(73) 어르신의 손을 잡고 수화를 해주셨으며, 무대 한쪽에서는 수화로 통역해 주셨다.

학사복을 입고 학사모를 쓰시니 정말 학생의 모습이다. 늘 푸른 교실 어르신들의 또 다른 닮은 점은 사진 찍기를 좋아하신다는 것이다.

수료식이 끝났지만 처음 입은 학사복과 학사모에 사진을 찍어달라며 멋진 포즈를 취하신다. 찍고 또 찍고도 아쉬우신지 수강생 어르신들의 카메라로 계속 찍으신다.

늘 푸른 교실은 다만 문자해득교육사업뿐 아니라 장애인과 비장애인 어르신들이 함께 할 수 있는 통합적 프로그램인 동시에 친구가 될 수 있는 프로그램이었다.

사업이 종료되고 기관의 사정상 예산 확보의 어려움이 있어 5개월 간 수업을 할 수 없는 상황이며 2011년 공모사업이 선정되지 않을 시 늘 푸른 교실은 2012년을 기약해야 하는 시간이기 때문이다.

감사하게도 강사님께서 2011년 3월부터 자원봉사로 다시 수업을 시작해주시고 다행이 2011년 5월 공모사업에 선정되어 사업을 수월하게 진행하고 있다.

## 쉬어가기

### 프로그램 참여한 지 딱 1년!
### 화성시남부노인복지관 엄지족 폰맹탈출에서
# 위풍당당 검지상 수상

한흥만_67세

2010년 약 8개월 간 늘 푸른 교실에서 수업을 받았습니다. 수화에 대해서는 알지만 한글을 알지 못해 수업에 참여하게 되었습니다. 나이가 많아 이제와 그걸 배워 무엇을 하나 했지만 열심히 배웠습니다. 어느새 한글에 자신감이 생기게 되었고, 1월에 복지관에서 핸드폰 문자보내기 수업까지 듣게 되었습니다. 다행히 사회복지 전공하는 실습생 친구가 수화를 잘해서 그 학생과 함께 배우기 시작했습니다.

5월이 되자 복지관에서 핸드폰 활용 수업을 배운 어르신들을 대상으로 문자 보내기 대회를 한다고 했습니다. 전 하고 싶지 않았지만 가르쳐준 선생님이 있고 도와준 학생이 있기에 도전해 보았습니다.

그런데 이게 웬 행운이었을까요?

배움부에서 3등을 했습니다.

한글을 배운 지 얼마 안 된 내가 대회에서 3등이라니, 기뻤습니다. 날아갈 것 같았습니다.

검지상을 받았습니다. 난생 처음 상장이라는 것을 받았고 선물도 받았습니다.

이렇게 행복한 날이 살아 생전 또 올까요?

더 노력해서 2012년 폰맹탈출 대회에 다시 한 번 도전해 볼 생각입니다. 1등이 될 때까지….

불가능을 가능으로 바꿔준 늘 푸른 교실 덕에 전 요즘 살맛납니다.

화성시남부노인복지관,

청각장애인 어르신과 무학 어르신 대상 교육사업 진행

# 황혼에 맛보는 배우는 기쁨

화성시는 24일 햇빛이 쨍쨍 내리쬐는 8월의 무더운 여름, 더운 날씨에도 불구하고 화성시남부노인복지관 2층 서예실에는 머리가 하얀 12명의 학생들이 내뿜는 만학(晩學)의 열기로 후끈하다고 밝혔다.

여기 모인 60세 이상의 늦깎이 학생들은 중학교 입학자격 검정고시 시험(9월 시행)을 대비로 공부하기 위해 모였다.

이들은 5월부터 시작된 검정고시 반에서 11월까지 28주 과정으로 주 2회(수, 금) 복지관에서 학습 및 모임을 갖고 있다.

수업은 국어, 산수, 과학, 사회, 도덕, 실과 등 초등학교 교과목으로 진행된다.

박삼애 할머니(70세)는 "배우고 싶어도 배우지 못한 한을 뒤늦게라도 풀 수 있어서 감사하다."며 "가능하다면 열심히 공부해 손녀와 함께 중학교에 다니고 싶다."는 소망을 전했다.

한편, 복지관 2층 강의실에서는 매주 목요일마다 청각장애인 어르신을 위한 한글과 수화교육도 이뤄지고 있다.

김유미 강사는 "저는 배우지 못해 소외되기 쉬운 어르신들에게 교육기회를 제공해 교육적 열등감으로부터 벗어날 수 있게끔 도와드리고 있다."며 "처음에 공부를 어려워하시던 어르신들이 지금은 공부하는 재미에 푹 빠져 사시는 걸 보면 마음이 뿌듯하다."고 소감을 밝혔다.

출처: 아시아투데이(2011. 8. 24.). 황혼에 맛보는 기쁨.

## 쉬어가기

청각장애인은 왼쪽에서 두 번째

'최종병기 활'이라는 영화에서는 농아인(말만 못하는 장애인이 아닌, 수화를 구사하는 농아인)이 등장한다. 청나라 정예부대에 첨병역할을 담당하는 팀원으로 보이며, 비장애인 팀원들은 청각장애를 가진 팀원과 수화로 소통하고 있는 모습을 볼 수 있다.

출처: 영화 '최종병기 활'의 한 장면.

제4장

# 노인문해교육 지원사업 미래를 예측하라

1_ 노인문해교육의 발전 방안

# 낫놓고 ㄴ 자 알기

김순자

오십육년 고달은 내인생
낫놓고 ㄱ 자도 모르고 살았습니다
인연되어 만난 한글공부 바쁜 틈틈이 시간내어
눈을 드드려 합니다.
낫놓고 ㄴ 자도 알았구요
반지보고 ㅇ 자도 알았습니다

김순자 그게 내 이름이구요
박희남 이게 금쪽같은 아들 이름입니다
내일은 물어보지 않고
버스도 타고 장도 보고
가벼운 발글음을니다것입니다

*이 시는 '제3회 한글날 기념 글쓰기 대회(전국문해성인기초교육협의회 주최)'에서 수상한 김순자 어르신의 작품이다.

# 1 노인문해교육의 발전 방안

정부는 1959년 이후 최근까지 비문해 문제가 해결되었으며, 결과적으로 문해교육은 더 이상 필요하지 않다고 밝혀왔다. 그러나 안타깝게도 한국에는 여전히 비문해자가 많으며, 그들의 대부분은 노인들이다. 이런 상황에서 노인을 위한 문해교육은 그 어느 때보다 중요하다. 이렇듯 노인문해교육의 필요성은 증가하고 있지만 해결해야 할 과제는 아직도 많다. 이에 문해교육에 대한 발전 방안을 제시하고자 한다.

## 1) 비문해 노인을 위한 기초교육 기회의 확충과 참여 유인 체제의 강구

지역사회에서 비문해 노인들을 찾아내어 그들의 비문해 수준을 파악하고, 문해교육의 기회를 제공하여야 한다. 대다수 노인들이 문해에 대한 인식이 부족하며, 본인이 비문해자라는 사실을 드러내고 싶어하지 않기 때문에 자발적으로 교육기관에 등록하는 사람은 그리 많지 않다. 이러한 소극적인 비문해자들에게 모든 국민이 보편적인 평등의 교육 복지적 차원에서 떳떳하게 공부할 수 있다는 것을 인식시킬 필요가 있다. 또한 화성시는 도 · 농복합도시로써 지역격차 및 학습기회 격차 해소를 위한 교육복지실현을 위해 비문해자들의 연령이 60~80대가 주류를 이루고 있는 점을 고려하여, 집과 가까운 곳에서 편안하게 교육받을 수 있도록 지역 단위별로 문해교육기관을 거점화하여 '찾아가는 문해교육'을 개설함으로써 학습자들의 만족도 및 학습참여율을 높일 수 있다고 본다.

### 2) '생활 중심'과 '학력 인정'의 적절한 조화

대부분 노인 학습자들은 학력 취득보다 학습으로 인한 삶의 변화에 의미를 두고 있다. 특히, 문해 학습을 막 시작한 초보 단계의 학습자들이 이러한 경우가 많다. 그러나 학습을 하면 할수록 지속적인 학습에 대한 욕구, 그리고 학습 결과에 대해 인정을 받고 싶은 욕구가 커지면서 학력 취득의 요구가 커지고 있다.

이러한 점에서 문해교육은 생활의 필요, 삶의 변화 등을 중심으로 할 필요도 있겠지만 학력 취득 및 상급 학교 진학을 염두해 둔 학습 지원도 고려하여 구성될 필요가 있다. 향후에 학력인정에 대한 제도가 어떻게 정착되는지를 고려해 보아야 할 것이지만 무엇보다도 학습자들의 현실적 요구에 응하는 것을 일차적 목표로 삼으며 그 학습 결과를 학력 인정과 자연스럽게 연계될 수 있는 방안을 모색할 필요가 있다. 또한 학력 인정뿐만 아니라 후속 프로그램에 대한 고려를 통해 문해 학습자들의 계속학습에 대한 보장도 고려될 필요가 있다(평생교육진흥원, 2008).

### 3) 문해교육의 중요성에 관한 사회적 인식 제고

우리나라의 경우 비문해들의 문제가 매우 심각한 교육 문제 중의 하나이지만, 사회 일각에서는 교육 정책 결정자들까지도 이 문제를 심각하게 인식하지 않고 있다. 이러한 비문해 문제를 고려해 볼 때 이에 관한 획기적인 사회적 인식 전환이 우선적으로 요청된다.

정부교육 관계자나 사회단체들이 비문해 현실을 극복하기 위한 사회적 인식 기회를 마련하고 지속적인 홍보를 실시할 필요가 있다. 국가적인 차원에서 비문해자들을 위한 기초 교육을 대폭 지원하는 문해교육을 지속적으로 전개해 나가야 한다.

비문해자들이 교육을 받는 것은 마땅히 사회에 요구할 수 있는 당연한 권리라는 점을 온 국민이 공감할 수 있도록 노력할 필요가 있다.

### 4) 문해 · 기초교육시설 및 학습자에 대한 재정지원

비문해의 기준으로 삼고 있는 초등학교 학력이 의무교육이므로 국가가 교재비와 학습비를 부담해 주는 등 무상교육제도가 필요하다. 모든 학교는 학구나 학군 내의 비문해 성인을 문해로 만드는 문해교육의 의무와 책임을 부여받고 이에 필요한 교사의 증원, 예산의 배정, 시설의 확충 등의 혜택도 아울러 받을 수 있어야 한다. 각 지역의 공동도서관과 사회교육시설들도 특수한 문해교육을 실시할 필요가 요구되며, 그 내용도 직업 및 전문기술교육과 통합된 다양한 형태로 편성될 수 있어야 한다.

비문해 교육을 위한 노인한글 교육기관인 한글학교의 개설과 표준교육과정을 개발, 현재 실시하고 있는 문해교육기관 지원을 확대하는 등의 공적 인프라가 지속적으로 필요하다. 그리하여 노인기초교육의 원스톱 체제가 이루어져야 한다.

### 5) 노인에게 맞는 교재 및 프로그램 개발

노년기에 진행되는 노화를 고려하여 연령에 따른 알맞은 교재의 개발과 고령자를 위한 학습도구의 개발, 노화의 특성에 맞는 세분화된 학습 방법, 교수법의 개발이 시급하다. 문해 교육에 참여하는 연령이 60대 초반에서부터 90대 초반까지 다양화를 보이고 있다. 60대의 지식습득의 능력, 이해력, 동작 능력 등과 90대의 지식습득의 능력, 이해력의 차이가 있다고 볼 수 있다. 문해 교육 단계를 구성하여 기초과정, 중급과정, 자율학습과정 등으로 세분화하여 비문해자의 학습능력 정도에 따른 학습과정이 필요하다.

### 6) 문해교육 자원 활용의 극대화와 민 · 관 · 산 · 학의 통합적 네트워크 구축

문해교육 발전전략은 결코 단순한 문해 교육 프로그램들만을 통해서 성취되기 어렵다. 이는 제도적, 정책적 차원에서 통합적으로 연계될 필요가 있다.

연합체 형식의 문해 교육 네트워크를 구축함으로써, 각 기관 간의 교육 인적 · 물적 자원을 상호 교류하고 프로그램을 공동개발하며, 정기적인 모임을 통해 인적 및 교육수준을 교류 · 협력할 필요가 있다.

# 부록

1_ 문자해득교육 관련 조항

2_ 문해교육사 자격증

3_ 2011년 성인문해교육 지원사업 선정기관 현황

# 1 문자해득교육 관련 조항

## 〈평생교육법〉

### 제2조(정의) 1~2호 생략

3. '문자해득교육' 이란 일상생활을 영위하는데 필요한 기초 능력이 부족하여 가정 · 사회 및 직업생활에서 불편을 느끼는 자들을 대상으로 문자해득(文字解得) 능력을 갖출 수 있도록 하는 조직화된 교육프로그램을 말한다.

### 제39조(문자해득교육의 실시 등)

① 국가 및 지방자치단체는 성인의 사회생활에 필요한 문자해득 능력 등 기초 능력을 높이기 위하여 노력하여야 한다.

② 교육감은 대통령령으로 정하는 바에 따라 관할 구역 안에 있는 초 · 중학교에 성인을 위한 문자해득교육 프로그램을 설치 · 운영하거나 지방자치단체 · 법인 등이 운영하는 문자해득교육 프로그램을 지정할 수 있다.

③ 국가 및 지방자치단체는 제2항에 따른 문자해득교육 프로그램을 위하여 대통령령으로 정하는 바에 따라 재정적 지원을 할 수 있다.

## 〈평생교육법시행령〉

### 제68조(문자해득교육 프로그램의 설치 · 운영 및 지정)

① 교육감은 법 제39조 제2항에 따라 문자해득교육 프로그램을 법 제30조에 따

른 초등학교 · 중학교 부설 평생교육시설에서 실시하거나, 기존의 학교시설을 활용한 문자해득교육 프로그램을 설치 · 운영할 수 있다.

② 법 제39조 제2항에 따라 교육감이 지정할 수 있는 문자해득교육 프로그램은 다음 각 호와 같다.

1. 국가 · 지방자치단체 또는 그 소속 기관이 운영하는 문자해득교육 프로그램
2. 평생교육기관에서 운영하는 문자해득교육 프로그램
3. 문자해득교육을 주된 목적으로 하는 비영리 시설, 법인 또는 단체 등에서 운영하는 문자해득교육 프로그램
4. 그 밖에 교육감이 정하는 문자해득교육 프로그램

③ 제1항 및 제2항에 따른 문자해득교육 프로그램의 설치 및 지정, 그 밖에 필요한 사항은 교육감이 정한다.

### 제69조(문자해득교육 프로그램의 지정)

① 법 제39조 제2항에 따라 문자해득교육 프로그램으로 지정받으려는 자는 다음 각 호의 사항을 기재한 문자해득 교육 프로그램 지정신청서에 교육과학기술부령으로 정하는 서류를 첨부하여 교육감에게 제출하여야 한다.

1. 명칭
2. 목적
3. 위치
4. 과정별 학급수 · 정원 · 학습비
5. 교육과정 편성
6. 교원의 정수
7. 필요한 경비의 조달계획
8. 시설현황 및 시설확충계획
9. 교구와 그 밖의 설비현황 및 설비확충계획
10. 개설예정일

② 교육감은 제1항에 따른 지정신청을 받으면 이를 검토하여 지정기준에 맞는 경우 교육과학기술부령으로 정하는 지정서를 신청인에게 교부하여야 한다.

### 제70조(문자해득교육 프로그램의 설치 및 지정기준)

① 법 제39조에 따른 문자해득교육 프로그램의 설치 및 지정기준은 다음 각 호와 같다.

1. 초등학교과정의 교원은 대학 졸업 또는 이와 같은 수준의 학력을 가진 자, 중학교과정의 교원은 「초 · 중등교육법」 제21조 제2항의 교사자격을 가진 자로서 각각 진흥원 또는 시 · 도진흥원에서 운영하는 문자해득교육 교원연수과정을 이수한 교원을 확보할 것. 다만, 초등학교과정의 교원은 고졸 이상 학력소지자로서 진흥원 또는 시 · 도진흥원에서 운영하는 문자해득교육 교원연수과정을 이수하고 제76조 제1항에 따른 문자해득교육심의위원회에서 인정하는 자로 확보할 수 있다.
2. 교육 활동에 적합한 시설 및 설비를 갖출 것
3. 초등학교 또는 중학교 수준에 상응하는 문자해득교육과정을 운영할 것

② 제1항에 따른 교원, 시설 · 설비 및 교육과정 등에 관한 세부기준은 교육 과학기술부령으로 정한다.

### 제71조(문자해득교육 프로그램 지정의 취소 등)

① 교육감은 문자해득교육 프로그램 실시기관이 거짓 등 부정한 방법으로 문자해득교육 프로그램을 지정받아 운영하는 경우 그 지정을 취소할 수 있다.

② 교육감은 문자해득교육 프로그램을 운영하는 기관에 대하여 이 영에 따른 기준을 충족하는지를 정기적으로 평가하여 그 결과를 공개하여야 한다.

**제73조(문자해득교육 프로그램 운영자의 폐지신고)** 제70조에 따라 문자해득교육 프로그램을 지정받아 운영하는 자가 해당 과정을 폐지하려는 경우에는 그 사유, 폐지연월일 및 재학생 학적관리 등 남은 업무의 처리방법 등을 기재한 서류를 갖추어 폐지예정일 30일 전까지 교육감에게 신고하여야 한다.

### 제74조(문자해득교육 프로그램 이수자의 학력인정절차)

① 법 제40조에 따른 문자해득교육 프로그램을 이수한 자가 학력인정을 받으려

는 때에는 교육과학기술부령으로 정하는 신청서류를 교육감에게 제출하여야 한다.

② 교육감은 제1항에 따른 신청을 받은 경우 학력인정 기준에 맞는지의 여부를 조사하여 학력 인정 여부를 결정한 후 신청인에게 교육과학기술부령으로 정하는 학력인정서를 교부하여야 한다.

### 제75조(문자해득교육 프로그램 이수자의 학력인정 기준 등)

① 초등학교 · 중학교 학력인정 문자해득교육 프로그램에 입학할 수 있는 자는 만 18세 이상인 자로 한다.

② 학습자가 법 제40조에 따라 초등학교 또는 중학교 졸업자와 같은 수준의 학력을 인정받기 위하여는 제70조 제1항 제3호의 교육과정을 이수하여야 한다.

③ 제2항에 따른 교육과정 이수에는 제14조에 따른 학습계좌를 통한 과정이 수를 학력인정기준의 3분의 2의 범위에서 인정할 수 있도록 하되, 학습계좌에 따른 인정 절차 등에 필요한 사항은 교육과학기술부장관이 정한다.

④ 교육감은 제2항에 따른 문자해득교육 프로그램 이수자의 문자해득 수준을 측정하기 위한 평가제도를 수립 · 실시할 수 있다.

### 제76조(문자해득교육심의위원회 등의 구성)

① 문자해득교육 제도의 개선, 문자해득교육 교원의 자격 인정 등에 관한 사항을 심의하기 위하여 진흥원에 문자해득교육심의위원회를 두며, 이에 필요한 사항은 진흥원장이 정한다.

② 문자해득교육 프로그램 설치 · 지정 기준 및 그 충족 여부, 문자해득교육 프로그램 이수자의 학력인정 기준 및 그 충족 여부 등을 심사하기 위하여 교육감 소속으로 문자해득교육심사위원회를 두며, 이에 필요한 사항은 교육감이 정한다.

## 〈평생교육법시행규칙〉

### 제22조(문자해득 교육프로그램의 교원의 배치 등)

① 영 제70조 제1항에 따른 문자해득교육 프로그램의 교원은 초등학교과정에는 학급마다 1명 이상을 두고, 중학교과정은 3학급까지는 학급마다 1명을, 3학급을 초과할 때에는 1학급 증가할 때마다 1.5명 이상의 비율로 더 배치한다. 이 경우 소수점 이하는 반올림한다.

② 제1항에 해당하는 한 학급의 규모는 초 · 중학교과정 모두 각각 30명을 초과하여서는 아니된다.

③ 영 제70조 제1항에 따른 문자해득교육 프로그램은 별표 3에 따른 교육 활동에 적합한 시설 및 설비기준을 갖추어야 한다.

④ 문자해득교육 프로그램의 교육과정은 성인 학습자의 학습 능력과 경험 등을 고려하여 교육과학기술부장관이 정한다.

⑤ 교육과학기술부장관은 제4항에 따른 교육과정을 포함한 문자해득교과용 도서를 개발 · 보급할 수 있다. 이 경우 문자해득교과용 도서의 저작(著作) 등에 관하여는 교육과학기술부장관이 정한다.

### 제23조(문자해득 교육프로그램 이수자의 학력인정절차)

① 영 제74조 제1항에 따라 문자해득교육 프로그램 이수자가 학력인정을 받으려면 별지 제20호 서식의 학력인정 신청서에 다음 각 호의 서류를 첨부하여 교육감에게 제출하여야 한다.

1. 교육과정 이수 내역서
2. 그 밖의 과정 이수 증명서류

② 담당 공무원은 제1항에 따른 학력인정 신청서를 받으면 「전자정부법」 제21조 제1항에 따른 행정정보의 공동이용을 통하여 신청자의 주민등록표 초본 또는

등본의 내용을 확인하여야 한다. 다만, 신청인이 확인에 동의하지 아니하는 경우에는 해당 서류를 첨부하도록 하여야 한다.

③ 영 제74조 제2항에 따른 학력인정서는 별지 제21호 서식에 따른다.

## 2 문해교육사 자격증

### 1) 자격 기본법

자격 기본법 제17조 제1항에 의한 민간자격을 신설하여 관리 · 운영하는 자는 신청서를 작성하여 법 제17조 제2항에 따라 교육과학기술부장관이 지정하는 관계 전문기관(한국직업능력개발원)에 등록을 신청하여야 한다. 문해교육사 자격증은 1 · 2 · 3급이 있다.

#### (1) 자격명칭과 수준

| 자격종목 | 등급 | 교육과정 | 주요 직무 내용 수준 |
|---|---|---|---|
| 문해교육사 | 1급 | 전문교육과정 | 전문가 수준의 문해교육사로서 주요 문해교육 연구 및 정책 사업에 참여할 수 있는 능력을 갖춘 최고급 수준 |
| | 2급 | 심화교육과정 | 준전문가 수준의 문해교육사로서 기관운영 실무능력을 갖춘 고급 수준 |
| | 3급 | 기본교육과정 | 일반인으로서 문해교육기관에서 문해교사 임무를 수행할 기본 능력을 갖춘 상급 수준 |

## (2) 검정기준

| 자격종목 | 등급 | 교육과정 | 주요 직무 내용 수준 |
|---|---|---|---|
| 문해교육사 | 1급 | 전문교육과정 | 전체 교육 80% 이상 이수 및 논문 제출 |
| | 2급 | 심화교육과정 | 전체 교육 80% 이상 이수 및 과제 제출+자격시험 합격 |
| | 3급 | 기본교육과정 | 전체 교육 80% 이상 이수 및 과제 제출 |

## (3) 검정과목

| 자격종목 | 등급 | 교육과정 | 검정 분야 | 주요 직무 내용 수준 |
|---|---|---|---|---|
| 문해교육사 | 1급 | 필기 | 논문 1편 | 전체 교육 80% 이상 이수 및 논문 제출 |
| | | 과제 | 경력 및 실적 | 문해교육기관의 최고경영자 경력, 문해교육 연구 실적 등 |
| | | 출석 | 이론 및 실습 (총 10과목) | 문해교육론, 문해교육정책론, 바른국어생활, 문해교육방법론, 문해교육경영론, 문해교육 프로그램개발론 외 등 |
| | 2급 | 필기 | 자격시험 | 자격시험 |
| | | 과제 | 현장 탐방 | 현장 탐방 보고서 |
| | 3급 | 출석 | 이론 및 실습 (총 10과목) | 문해교육론, 문해교육정책론, 바른국어생활, 문해교육방법론, 문해교육경영론, 문해교육 프로그램개발론 외 |
| | | 과제 | 현장 실습 | 전체 교육 80% 이상 이수 및 과제 제출 |
| | | 출석 | 이론 및 실습 (총 10 과목) | 문해교육론, 문해교육정책론, 바른국어생활, 문해교육방법론, 문해교육경영론, 성인문해 학습 및 상담, 문해교육사론 외 등 |

### (4) 응시자격

| 자격종목 | 등급 | 응시자격 |
|---|---|---|
| 문해교육사 | 1급 | ① 고등교육법에 의한 대학원에서 평생교육과 관련된 분야를 전공한 자로서 석사학위 이상을 취득한 자로서 본협회가 인정하는 문해교육에 심화교육과정을 이수한 자.<br>② 문해교육사 2급 자격증을 소지하고 문해교육과 관련된 업무에 5년 이상 종사한 경력이 있는 자로서 본 협회가 인정하는 문해교육에 관한 심화교육과정을 이수한 자.<br>③ 초 · 중등교육법 제2의 규정에 의한 정교사 2급 이상 자격을 소지한 자로서 본 협회가 인정하는 문해교육에 관한 심화교육과정을 이수한 자.<br>④ 평생교육법 제17조 및 동 시행령 제5조 제1항의 규정에의한 평생교육사 2급 이상 자격을 조시한 자로서 본 협회가 인정하는 문해교육에 관한 심화교육과정을 이수한 자. |
| | 2급 | ① 전문대학 이상을 졸업하거나 이와 동등 이상의 학력이 있는 자로서 본 협회가 인정하는 문해교육에 관한 기본교육과정을 이수한 자.<br>② 초 · 중등교육법에 의한 고등학교를 졸업하거나 동등 이상의 학력이 있는 자로서 문해교육과 관련된 업무에 3년 이상 종사한 경력이 있는 자로서 본 협회가 인정하는 문해교육에 관한 기본교육과정을 이수한 자.<br>③ 문해교육사 3급 자격증을 소지하고 문해교육과 관련된 업무에 3년 이상 종사한 경력이 있는 자로서 본 협회가 인정하는 문해교육에 관한 기본교육과정을 이수한 자.<br>④ 평생교육법 제 17조 및 동 시행력 제5조 제1항의 규정에 의한 평생교육사 3급 이상 자격을 지한 자로서 문해교육과 관련된 업무에 2년 이상 종사한 경력이 있는 자로서 본 협회가 인정하는 문해교육에 관한 기본교육과정을 이수한 자. |
| | 3급 | ① 초 중등교육법에 위한 고등학교를 졸업하거나 동등 이상의 학력이 있는 자.<br>② 제1호에 규정된 자와 동등 이상의 자격이 있다고 협회가 정하는 자. |

# 3 2011년 성인문해교육 지원사업 선정기관 현황

| 연번 | 광역 | 기초자치 단체명 | 문해교육기관명 | 주소 | 연락처 |
|---|---|---|---|---|---|
| 1 | 서울 | 강북구청 | 구세군강북종합복지관 | 서울시 강북구 삼양동 791-1509번지 | 02-984-5811~42 |
| 2 | 서울 | 강북구청 | 번동3단지 종합사회복지관 | 서울시 강북구 오현길 210번지 번동 주공아파트 302동 | 02-984-6777 |
| 3 | 서울 | 강북구청 | 시립강북노인종합복지관 | 서울시 강북구 인수동 122번지 | 02-999-9179 |
| 4 | 서울 | 강서구청 | 가양7종합사회복지관 | 서울시 강서구 가양3동 1486번지 | 02-2668-8600 |
| 5 | 서울 | 강서구청 | 강서구지자체직영 프로그램(강서구청) | 서울시 강서구 화곡로 302(화곡동 980-16) | 02-2600-6929 |
| 6 | 서울 | 강서구청 | 등촌4종합사회복지관 | 서울시 강서구 등촌3동 690(꿈나무길 48-1) | 02-2658-8800 |
| 7 | 서울 | 강서구청 | 방화6종합사회복지관 | 서울시 강서구 방화3동 금낭화길 141-6(816번지) | 02-2666-6181~38 |
| 8 | 서울 | 강서구청 | 유린보은동산등촌1 종합사회복지관 | 서울시 강서구 등촌3동 687번지 주공1단지아파트 내 등촌1종합사회복지관 | 02-2658-1010 |
| 9 | 서울 | 관악구청 | 관악구지자체직영프로그램(관악구평생학습관) | 서울시 관악구 남부순환로 1550 | 02-880-3991 |
| 10 | 서울 | 관악구청 | 남부교육센터 | 서울시 관악구 난곡동 638-2호 2층 | 02-855-2550 |
| 11 | 서울 | 광진구청 | 동부밑거름학교 | 서울시 광진구 자양4동 52-65 3층 | 02-469-6456 |
| 12 | 서울 | 광진구청 | 상일봉사학교 | 서울시 광진구 자양3동 584-5 | 02-446-4432 |
| 13 | 서울 | 광진구청 | 새날지역아동센터 | 서울시 광진구 자양4동 13-42 | 02-498-0404 |
| 14 | 서울 | 광진구청 | 세종한글교육센터 | 서울시 광진구 화양동 111-50 | 02-444-8328 |
| 15 | 서울 | 광진구청 | 자양종합사회복지관 | 서울시 광진구 자양3동 581-2 | 02-458-1688 |
| 16 | 서울 | 광진구청 | 중곡종합사회복지관 | 서울시 광진구 중곡2동 134-18 | 02-3436-4316 |
| 17 | 서울 | 금천구청 | (사)살기좋은 우리구 만들기 여성회 | 서울시 금천구 시흥동 109-1 무지개상가 401호 | 02-806-5873 |
| 18 | 서울 | 금천구청 | 가산종합사회복지관 | 서울시 금천구 가산동 144-3번지(구로동 284) | 02-868-6856 |
| 19 | 서울 | 금천구청 | 금천구 지자체직영 프로그램 | 서울시 금천구 시흥동 1020 | 02-2627-2834 |
| 20 | 서울 | 금천구청 | 청담종합사회복지관 | 서울시 금천구 시흥2동 241-7 | 02-806-1377 |

| 연번 | 광역 | 기초자치 단체명 | 문해교육기관명 | 주소 | 연락처 |
|---|---|---|---|---|---|
| 21 | 서울 | 노원구청 | 공릉종합사회복지관 | 서울시 노원구 동일로 405(공릉동 708) | 02-948-0520 |
| 22 | 서울 | 노원구청 | 노원1종합사회복지관 | 서울시 노원구 월계3동 사슴아파트 1단지 내 노원1종합사회복지관 | 02-949-0700 |
| 23 | 서울 | 노원구청 | 마들여성학교 | 서울시 노원구 상계2동 322-5 동양빌딩 3층 | 02-938-2609 |
| 24 | 서울 | 노원구청 | 북부여성발전센터 | 서울시 노원구 중계2동 501-1 | 02-972-5506 |
| 25 | 서울 | 노원구청 | 중계종합사회복지관 | 서울시 노원구 당고개길 228 주공@3단지 내 | 02-952-0333 |
| 26 | 서울 | 노원구청 | 참빛야간학교 | 서울시 노원구 월계1동 66-7 3층 | 02-916-1707 |
| 27 | 서울 | 노원구청 | 평화사회복지관 | 서울시 노원구 노원길 329 | 02-949-0123 |
| 28 | 서울 | 도봉구청 | 도봉노인종합복지관 | 서울시 도봉구 도당로2길 12-13(쌍문동) 시립 도봉노인종합복지관 | 02-993-9900 |
| 29 | 서울 | 도봉구청 | 도봉동노인복지센터 | 서울시 도봉구 도봉1동 580-5 | 02-3491-3356~7 |
| 30 | 서울 | 도봉구청 | 도봉서원종합 사회복지관 | 서울시 도봉구 마들길 668(도봉2동 636-9) | 02-3494-4755 |
| 31 | 서울 | 도봉구청 | 창동종합사회복지관 | 서울시 도봉구 창1동 374번지 창동종합사회복지관 | 02-993-3222 |
| 32 | 서울 | 도봉구청 | 청목야간중고등학교 | 서울시 도봉구 쌍문2동 568번지 3층 | 02-936-4542 |
| 33 | 서울 | 도봉구청 | 풀무야간학교 | 서울시 도봉구 창1동 651-68 2층 | 02-902-6454 |
| 34 | 서울 | 동대문구청 | 상록야학 | 서울시 동대문구 이문1동 258-17 3층 | 02-968-1923 |
| 35 | 서울 | 동대문구청 | 동대문구청장안종합 사회복지관 | 서울시 동대문구 장안복지길 36(장안동 395-2) | 02-2242-7564 |
| 36 | 서울 | 동대문구청 | 푸른시민연대 | 서울시 동대문구 이문 1동 346-41, 302호 | 02-964-7530 |
| 37 | 서울 | 동작구청 | (동작구)본동종합 사회복지관 | 서울시 동작구 용봉길 61 | 02-817-8052~3 |
| 38 | 서울 | 동작구청 | 동작이수사회복지관 | 서울시 동작구 배나무길 17-7 | 02-592-3721 |
| 39 | 서울 | 마포구청 | 마포 평생학습관 | 서울시 마포구 서교동 341-1 마포평생학습관 | 02-2137-0087 |
| 40 | 서울 | 마포구청 | 사랑의전화 마포종합사회복지관 | 서울시 마포구 신공덕동 15-66 | 02-712-8600 |
| 41 | 서울 | 마포구청 | 양원주부교실 | 서울시 마포구 대흥동 18-4 | 02-704-0153 |
| 42 | 서울 | 마포구청 | 이화여자대학교 성신종합사회복지관 | 서울시 마포구 성산2동 595번지 | 02-374-5889 |

| 연번 | 광역 | 기초자치<br>단체명 | 문해교육기관명 | 주소 | 연락처 |
|---|---|---|---|---|---|
| 43 | 서울 | 마포구청 | 중부여성발전센터 | 서울시 마포구 토정 35길 17 | 02-719-6307 |
| 44 | 서울 | 서대문<br>구청 | 대신야간중고등학교<br>(대신야학) | 서울시 서대문구 신촌동 산 1번지 | 02-364-1536 |
| 45 | 서울 | 서대문<br>구청 | 서대문종합사회복지관 | 서울시 서대문구 남가좌1동 115-63(모래내길 296) | 02-375-5040 |
| 46 | 서울 | 서대문<br>구청 | 시립서대문노인복지관 | 서울시 서대문구 천연동 117-3 | 02-363-9988 |
| 47 | 서울 | 서대문<br>구청 | 홍은종합사회복지관 | 서울시 서대문구 세검정로 1길 116 | 02-395-3959 |
| 48 | 서울 | 서울<br>중구청 | 서울중부직업<br>청소년학교 | 서울시 중구 필동 1가 10-11 4층 | 02-2266-5597 |
| 49 | 서울 | 서울<br>중구청 | 신당야학 | 서울시 중구 황학동 1835번지 2층 | 02-2236-3799 |
| 50 | 서울 | 서울<br>중구청 | 유락종합사회복지관 | 서울시 중구 신당동 160-2 | 02-2235-4000 |
| 51 | 서울 | 서울<br>중구청 | 한국여성생활연구원 | 서울시 중구 명동 2가 1번지 명동가톨릭회관 522호 | 02-727-2471 |
| 52 | 서울 | 성동구 | 청성동문화원 | 서울시 성동구 행당1동 142-16 | 02-2286-6234 |
| 53 | 서울 | 성동구 | 청성동야학 | 서울시 성동구 홍익동 120-7 | 02-2299-7020 |
| 54 | 서울 | 성동구청 | 성동종합사회복지관 | 서울시 성동구 마장동 572-2 | 02-2290-3176 |
| 55 | 서울 | 성동구청 | 성동청소년문화의집 | 서울시 성동구 금호동3가 1266번지 | 02-2236-2679 |
| 56 | 서울 | 성북구청 | 길음종합사회복지관 | 서울시 성북구 길음동 905번지 | 02-985-0161~4 |
| 57 | 서울 | 성북구청 | 성북구지자체직영프로그램(성북구도시관리공단 성북여성회관) | 서울시 송파구 문정동 43-4 15/3 | 070-8644-8293 |
| 58 | 서울 | 성북구청 | 성북구립월곡<br>종합사회복지관 | 서울시 성북구 오패산로 16길 23 | 02-911-5511 |
| 59 | 서울 | 성북구청 | 성북장애인복지관 | 서울시 성북구 하월곡동 11-11 | 02-915-9200 |
| 60 | 서울 | 성북구청 | 장위종합사회복지관 | 서울시 성북구 장위3동 112-1 | 02-918-3073 |
| 61 | 서울 | 성북구청 | 정릉종합사회복지관 | 서울시 성북구 정릉3동 산1-293 정릉사회종합복지관 | 02-909-0434~6 |
| 62 | 서울 | 송파구청 | 신명실업학교 | 서울시 송파구 마천 1동 277-15 | 02-400-0715 |
| 63 | 서울 | 양천구청 | 시립신목<br>종합사회복지관 | 서울시 양천구 신정2동 1278-1 | 02-2643-7222 |

| 연번 | 광역 | 기초자치 단체명 | 문해교육기관명 | 주소 | 연락처 |
|---|---|---|---|---|---|
| 64 | 서울 | 양천구청 | 양천구지자체 직영프로그램 (양천구평생학습센터) | 서울시 양천구 목동동로 75 | 02-2654-6227 |
| 65 | 서울 | 양천구청 | 탈북민정착지원 종합상담센터 | 서울시 양천구 신정동 1267 목동뉴프라자 601호 | 02-6083-9191 |
| 66 | 서울 | 영등포 구청 | 대길사회복지재단 | 서울시 영등포구 신길동 466-3 | 02-831-9909 |
| 67 | 서울 | 영등포 구청 | 도림교회 지역사회봉사센터 | 서울시 영등포구 도림동 205-24 | 02-2181-6111 |
| 68 | 서울 | 영등포 구청 | 삼성실업학교 | 서울시 영등포구 영등포본동 182-8 | 02-842-5263 |
| 69 | 서울 | 영등포 구청 | 영등포노인 종합사회복지관 | 서울시 영등포구 문래동3가 76-2 | 02-2068-5327 |
| 70 | 서울 | 영등포 구청 | 학교형태평생교육 시설 서현학교 | 서울시 영등포구 영등포본동(신길 2동) 166-7번지 | 02-844-7035 |
| 71 | 서울 | 용산구청 | 갈월종합사회복지관 | 서울시 용산구 갈월동 51-19 | 02-752-7887 |
| 72 | 서울 | 용산구청 | 효창종합사회복지관 | 서울시 용산구 효창원로 146-12(효창동 5-65) | 02-716-0600 |
| 73 | 서울 | 은평구청 | 서울시립은평노인 종합복지관 | 서울시 은평구 진관동(연서로 424-1) 156-6 | 02-376-4141 |
| 74 | 서울 | 은평구청 | 신사종합사회복지관 | 서울시 은평구 은평로 213번지 (신사1동 26-18번지) | 02-385-1351 |
| 75 | 서울 | 은평구청 | 은평구립역촌노인 복지센터 | 서울시 은평구 역촌동 67-9 | 02-385-3500 |
| 76 | 서울 | 은평구청 | 은평구평생학습관 | 서울시 은평구 서오릉로 87 | 070-8933-9901 |
| 77 | 서울 | 종로구청 | 서울어머니학교 | 서울시 종로구 숭인2동 201-4 신원빌딩 4층 | 02-2253-2530 |
| 78 | 서울 | 중랑구청 | 작은사랑 태청야학 | 서울시 중랑구 묵 1동 175-2 3층 | 02-977-8598 |
| 79 | 부산 | 금정구청 | 금정열린배움터 | 부산시 금정구 부곡동 546-1번지(2층) | 051-515-7545 |
| 80 | 부산 | 동래구청 | (동래구)무궁화야간학교 | 부산시 동래구 복천동 179-3 2층 | 051-552-7269 |
| 81 | 부산 | 동래구청 | 동래구다문화가족 지원센터 | 부산시 동래구 사직북로 77호 | 051-506-5766 |
| 82 | 부산 | 동래구청 | 동래종합사회복지관 | 부산시 동래구 명장2동 508-72번지 | 051-531-2460 |
| 83 | 부산 | 동래구청 | 부산이주여성인권센터 | 부산시 동래구 온천3동 1441-1 (주)다이테크 별관 3층 | 051-864-2603 |
| 84 | 부산 | 동래구청 | 부산평생교육진흥회 | 부산시 동래구 복천동 320-1 동광빌딩 5층 | 051-557-2765 |

| 연번 | 광역 | 기초자치 단체명 | 문해교육기관명 | 주소 | 연락처 |
|---|---|---|---|---|---|
| 85 | 부산 | 동래구청 | 장애인참배움터 | 부산시 동래구 온천동 180-15번지 용진빌딩 5층 | 051-515-0859 |
| 86 | 부산 | 부산 남구청 | 감만종합사회복지관 | 부산시 남구 양지골로 171 | 051-634-3415 |
| 87 | 부산 | 부산 남구청 | 기러기문화원 | 부산시 남구 문현4동 351-12 기러기문화원 | 051-642-1515 |
| 88 | 부산 | 부산 남구청 | 남부중고등학교 | 부산시 남구 문현동 426-4번지 | 051-622-1205 |
| 89 | 부산 | 부산 남구청 | 용호종합사회복지관 | 부산시 남구 용호동 37-6번지 | 051-628-6737 |
| 90 | 부산 | 부산 북구청 | 공창종합사회복지관 | 부산시 북구 금곡동 53-1 | 051-363-2063 |
| 91 | 부산 | 부산 북구청 | 남산정사회복지관 | 부산시 북구 덕천1동 814-1 BMC아파트 내 | 051-342-8206 |
| 92 | 부산 | 부산 북구청 | 덕천종합사회복지관 | 부산시 북구 덕천3동 808 | 051-331-4674 ~593 |
| 93 | 부산 | 부산 북구청 | 부산북구지자체직영 프로그램(구포2동, 덕천1동주민센터) | 부산시 북구 낙동북로663번길 23<br>부산시 북구 덕천1동 389-33 | 051-309-4902<br>051-309-6362 |
| 94 | 부산 | 부산 북구청 | 화명종합사회복지관 | 부산시 북구 화명동 2310번지 | 051-338-2233 |
| 95 | 부산 | 부산 서구청 | 부산서구지자체직영 프로그램(서구여성센터, 서대신1동주민센터) | 부산시 서구 서대신동 1가 131<br>부산시 서구 서대신동2가 179-1 | 051-240-4358<br>051-240-6461 |
| 96 | 부산 | 부산진 구청 | BBS부산중고등학교 | 부산시 부산진구 양정2동 260-5번지 | 051-863-4214 |
| 97 | 부산 | 부산진 구청 | 부산교육문화센터 | 부산시 부산진구 전포2동 175-27 | 051-803-7330 |
| 98 | 부산 | 부산진 구청 | 삼광한글학교 | 부산시 부산진구 초읍동 산131번지 대한불교천태종 삼광사 | 051-808-2126 |
| 99 | 부산 | 부산진 구청 | 성지문화원 | 부산시 부산진구 당감1동 275-21번지 | 051-898-5000 |
| 100 | 부산 | 사상구청 | 모라종합복지관 | 부산시 사상구 모라로 110번길 129 | 051-304-9876 |
| 101 | 부산 | 사상구청 | 백양종합복지관 | 부산시 사상구 모라로 192번길 10-33 | 070-4270-2405 |
| 102 | 부산 | 사상구청 | 사상구지자체직영프로그램(주례3동주민센터, 엄궁동주민센터) | 부산시 사상구 냉정로10<br>부산시 사상구 엄궁북로 15 | 051-310-3225<br>051-310-3245 |

| 연번 | 광역 | 기초자치 단체명 | 문해교육기관명 | 주소 | 연락처 |
|---|---|---|---|---|---|
| 103 | 부산 | 사상구청 | 사상종합사회복지관 | 부산시 사상구 백양로 709 | 051-314-8948 |
| 104 | 부산 | 사하구청 | B.B.S.서부산중학교 | 부산시 사하구 감천2동 12-6번지 | 070-4007-3432 |
| 105 | 부산 | 사하구청 | 다대종합사회복지관 | 부산시 사하구 다대2동 113-12번지 | 051-264-5420 |
| 106 | 부산 | 사하구청 | 부산희망나눔 사하평생교육원 | 부산시 사하구 괴정3동 477-32번지 2층 | 051-902-6655 |
| 107 | 부산 | 사하구청 | 사랑나눔 평생교육원 | 부산시 사하구 괴정1동 530-13 협진태양아파트 상가 B1층 | 051-292-2353 |
| 108 | 부산 | 사하구청 | 사하구종합사회복지관 | 부산시 사하구 감내2로 21 | 051-293-2688 |
| 109 | 부산 | 사하구청 | 형설야학교 | 부산시 사하구 괴정1동 496-1번지 지하 | 051-293-2047 |
| 110 | 부산 | 연제구청 | 부산광역시노인 종합복지관 | 부산시 연제구 연산4동 578-3 | 051-853-1872 |
| 111 | 부산 | 연제구청 | 연제구지자체직영프로그램(거제2동, 거제3동, 거제4동, 연산2동, 연산5동, 연산6동, 연산9동 주민센터) | 부산시 연제구 거제동 1180-8<br>부산광역시 연제구 거제8로 5<br>부산광역시 연제구 거제동 676-136<br>부산광역시 연제구 중앙대로 1038번길 39<br>부산광역시 연제구 연산5동 1478-1<br>부산광역시 연제구 연산6동 660-53번지<br>부산광역시 연제구 연산9동 396-8번지 | 051-665-5731~7외 |
| 112 | 부산 | 영도구청 | 동삼사회복지관 | 부산시 영도구 동삼3동 1121 | 051-405-2133 |
| 113 | 부산 | 영도구청 | 부산향토학교 | 부산시 영도구 대교동1가 161 3층 | 051-412-9618 |
| 114 | 부산 | 영도구청 | 사회복지법인 혜원 영도구노인복지관 | 부산시 영도구 대교동2가 159-10번지 | 051-417-6344~6 |
| 115 | 부산 | 영도구청 | 영도구종합사회복지관 | 부산시 영도구 신선동 3가 112-127번지 | 051-413-4661 |
| 116 | 부산 | 영도구청 | 와치종합사회복지관 | 부산시 영도구 동삼1동 510-9 | 051-403-4200 |
| 117 | 부산 | 영도구청 | 제3영도교회 | 부산시 영도구 남항동 2가 46번지 | 051-413-1101 |
| 118 | 부산 | 해운대 구청 | 반송종합사회복지관 | 부산시 해운대구 반송1동 697-2 | 051-544-8006~9 |
| 119 | 부산 | 해운대 구청 | 반여종합사회복지관 | 부산시 해운대구 반여2동 1291-1360번지 | 070-8730-0973 |
| 120 | 부산 | 해운대 구청 | 부산여성회해운대지부 | 부산시 해운대구 재송동 1145-19번지 | 051-747-3823 |

| 연번 | 광역 | 기초자치 단체명 | 문해교육기관명 | 주소 | 연락처 |
|---|---|---|---|---|---|
| 121 | 부산 | 해운대 구청 | 운봉종합사회복지관 | 부산시 해운대구 반송2동 77번지 | 070-8709-6321 |
| 122 | 부산 | 해운대 구청 | 파랑새종합사회복지관 | 부산시 해운대구 반송2동 233-4번지 | 051-545-0115 |
| 123 | 부산 | 해운대 구청 | 해운대지자체직영프로그램(반여1동주민자치회) | 부산시 해운대구 반여1동 1441-34 | 051-749-5901 |
| 124 | 대구 | 달서구청 | 대구혜인학교 | 대구시 달서구 신당동 1697-4(지하) | 053-581-1632 |
| 125 | 대구 | 달서구청 | 삼일야간학교 | 대구시 달서구 감삼동 62-3 상가 2층 | 053-527-1972 |
| 126 | 대구 | 달서구청 | 성서종합사회복지관 | 대구시 달서구 신당동 1844번지 | 053-583-1284 |
| 127 | 대구 | 달서구청 | 신당종합사회복지관 | 대구시 달서구 먹거리로 91 | 070-8240-8371 |
| 128 | 대구 | 달서구청 | 학산야간학교 | 대구시 달서구 월성2동 86번지 학산종합사회복지관 내 2층 | 053-634-7230 |
| 129 | 대구 | 달서구청 | 학산종합사회복지관 | 대구시 달서구 월성2동 86번지 | 053-634-7230 |
| 130 | 대구 | 달성군청 | 사랑나누기도서관(평생학습관) 꽃동산학교 | 대구시 달성군 화원읍 천내리 115-11 | 053-635-6306 |
| 131 | 대구 | 대구 동구청 | 대구아름다운학교 | 대구시 동구 신암3동 220-20번지 | 053-955-7757 |
| 132 | 대구 | 대구 동구청 | 대구종합사회복지관 | 대구시 동구 율하동로 26길 67 | 053-964-3335 |
| 133 | 대구 | 대구 동구청 | 큰고개동산학교 | 대구시 동구 신암4동 326-12번지 | 053-942-1403 |
| 134 | 대구 | 대구 동구청 | 행복한 학교 | 대구시 동구 율하동 995-4 | 053-962-7282 |
| 135 | 대구 | 대구 중구청 | 대구글사랑학교 | 대구시 중구 남산 4동 2466-1번지 | 053-255-9607 |
| 136 | 인천 | 남동구청 | 만월종합사회복지관 | 인천시 남동구 만수3동 844-15 | 032-471-9070 |
| 137 | 인천 | 남동구청 | 인천YMCA만수 종합사회복지관 | 인천시 남동구 만수1동 1005번지 | 032-463-8161 |
| 138 | 인천 | 부평구청 | 부평도서관 | 인천시 부평구 경원로 891 | 032-510-7312 |
| 139 | 인천 | 부평구청 | 여럿이함께 동네야 놀자 | 인천시 부평구 산곡동 51-4번지 산곡볼링장 1층 | 032-518-0206 |
| 140 | 인천 | 연수구청 | 연수구노인복지관 | 인천시 연수구 함박뫼로 194 | 032-811-2660 |
| 141 | 인천 | 연수구청 | 인천광역시연수도서관 | 인천시 연수구 함박뫼로 152번지 96 | 032-899-7543 |

| 연번 | 광역 | 기초자치 단체명 | 문해교육기관명 | 주소 | 연락처 |
|---|---|---|---|---|---|
| 142 | 인천 | 연수구청 | 인천서면초등학교 | 인천시 연수구 먼우금길 24 | 032-819-0291 |
| 143 | 인천 | 연수구청 | 인천축현초등학교 | 인천시 연수구 청량로 176 | 010-8925-6603 |
| 144 | 인천 | 인천 남구청 | 용마루학교 | 인천시 남구 북인정5로 51 배산빌딩 202호 | 032-884-7784 |
| 145 | 인천 | 인천 남구청 | 인천남구노인복지관 | 인천시 남구 주안3동 866-67 인천남구노인복지관 | 032-861-3001~5 |
| 146 | 인천 | 인천 남구청 | 주안도서관 | 인천시 남구 구월남로 27 | 032-450-9125 |
| 147 | 인천 | 인천 동구청 | (인천)동구노인복지관 | 인천시 동구 송림2동 124-48 | 032-761-3677 |
| 148 | 인천 | 인천 동구청 | 동구노인문화센터 | 인천시 동구 송현동 156번지 | 032-765-3677 |
| 149 | 인천 | 인천 동구청 | 송림종합사회복지관 | 인천시 동구 송림동 193-1 | 032-764-1185~6 |
| 150 | 인천 | 인천 서구청 | 인천서구외국인 사회복지센터 | 인천시 서구 석남2동 529-28 3층 | 032-578-3348 |
| 151 | 광주 | 광산구청 | 국경없는마을 전남광주지부 | 인천시 광산구 월곡동 688-6번지 3층 | 010-3604-8139 |
| 152 | 광주 | 광산구청 | 사랑의배움학교 | 광주시 광산구 산정동 962-1 | 062-951-5397 |
| 153 | 광주 | 광산구청 | 외국인근로자문화센터 | 광주시 광산구 삼도동 823-1번지 | 062-943-8930 |
| 154 | 광주 | 광주 남구청 | 광주공원노인복지관 | 광주시 남구 구동 16-48번지 | 062-671-3370 |
| 155 | 광주 | 광주 남구청 | 광주남구지자체직영프로그램(백운1동,주원2동) | 광주시 남구 제석로 88 | 062-650-8089 |
| 156 | 광주 | 광주 남구청 | 광주남구노인복지관 | 광주시 남구 월산동 614-4번지 | 062-366-0791 |
| 157 | 광주 | 광주 동구청 | 동구노인복지회관 | 광주시 동구 동명동 154-44번지 | 062-232-4953~5 |
| 158 | 광주 | 광주 동구청 | 빛고을종합사회복지관 | 광주시 동구 천변좌로 183번지 | 062-234-4563 |
| 159 | 광주 | 광주 동구청 | 빛나리배움터야학 | 광주시 동구 서석동 375 조선대학교 학생회관 2102-1 | 062-225-3492 |
| 160 | 광주 | 광주 동구청 | 사랑의교실 | 광주시 동구 계림1동 580-6(2층) | 062-223-8529 |
| 161 | 광주 | 광주 북구청 | (북구)광주희망 평생교육원 | 광주시 북구 누문동 10-1 | 062-524-0366 |

| 연번 | 광역 | 기초자치 단체명 | 문해교육기관명 | 주소 | 연락처 |
|---|---|---|---|---|---|
| 162 | 광주 | 광주 북구청 | 광주북구지자체직영 프로그램(두암3동주민 자치센터) | 광주시 북구 두암동 249 두암3동 주민 자치센터 | 061-410-8866 |
| 163 | 광주 | 광주 북구청 | 꿈을돕는사람들 | 광주시 북구 풍향동 602-10 | 062-512-5788 |
| 164 | 광주 | 광주 북구청 | 다문화가정사랑회 | 광주시 북구 중흥동 280-34번지 | 062-528-2131 |
| 165 | 광주 | 광주 북구청 | 북구노인종합복지관 | 광주시 북구 두암동 456-9 | 062-266-7727 |
| 166 | 광주 | 광주 북구청 | 오치종합사회복지관 | 광주시 북구 오치2동 1003번지 | 062-267-3700 |
| 167 | 대전 | 대덕구청 | 대전시민문화센터 | 대전시 대덕구 중리동 438-7번지 3층 | 042-673-8673 |
| 168 | 대전 | 대전 동구청 | (사)한국 BBS 대전 충남 연맹부설제일중고 등학교 | 대전시 동구 용전동 62-3 | 042-822-9591 |
| 169 | 대전 | 대전 동구청 | 향밭향토학교 | 대전시 동구 자양동 141-15(4층) | 042-626-3179 |
| 170 | 대전 | 대전 서구청 | 관저종합사회복지관 | 대전시 서구 관저동 1140번지 | 070-8709-6250 |
| 171 | 대전 | 대전 서구청 | 대전반딧불야학교 | 대전시 서구 도마1동 134-40 새마을금고 3층 | 042-533-9091 |
| 172 | 대전 | 대전 서구청 | 사단법인 모두사랑 | 대전시 서구 갈마2동 343-28 (구)서구의회 1층 | 042-521-9933 |
| 173 | 대전 | 대전 서구청 | 용문종합사회복지관 | 대전시 서구 용문동 589-7 | 042-537-0615~6 |
| 174 | 대전 | 대전 중구청 | 한국문화교육 복지협의회 | 대전시 중구 대흥동 209-1번지 대일빌딩B동 8층 | 042-252-1080 |
| 175 | 대전 | 대전 중구청 | 한마음야학 | 대전시 중구 대사동 248-301 청운빌딩 6층 | 042-222-4655 |
| 176 | 울산 | 울산 남구청 | 사회복지법인 생명의전화 울산지부 | 울산시 남구 옥동 591-1 삼성빌딩 505호 | 052-265-5570 |
| 177 | 울산 | 울산 남구청 | 울산광역시남구 노인복지관 | 울산시 남구 야음(대현)동 577-6번지 | 052-265-5221, 5228 |
| 178 | 울산 | 울산 남구청 | 울산푸른학교 | 울산시 남구 신정3동 498-2번지 | 052-276-2088 |
| 179 | 울산 | 울산 동구청 | 울산광역시동구 노인복지관 | 울산시 동구 서부동 113-190 | 052-252-2118 |
| 180 | 울산 | 울산 북구청 | 사단법인 울산여성회 북구지부 | 울산시 북구 연암동 374-4번지 2층 | 052-288-6006 |

| 연번 | 광역 | 기초자치 단체명 | 문해교육기관명 | 주소 | 연락처 |
|---|---|---|---|---|---|
| 181 | 울산 | 울산 북구청 | 울산북구노인복지관 | 울산시 북구 호계동 262-2 | 052-296-3901 |
| 182 | 울산 | 울산 중구청 | 울산시민학교 | 울산시 중구 반구2동 26-17 | 052-292-9797 |
| 183 | 경기 | 광명시청 | 광명장애인종합복지관 | 경기도 광명시 광명5동 164-2 광명장애인종합복지관 | 02-2616-3700 |
| 184 | 경기 | 광명시청 | 광명종합사회복지관 | 경기도 광명시 오리로 1018 | 02-2687-2921~2 |
| 185 | 경기 | 광명시청 | 지역복지봉사회 | 경기도 광명시 철산동 220-2 금산빌딩 501호 | 02-807-0453 |
| 186 | 경기 | 광주시청 | 광주배움터 | 경기도 광주시 송정동 103-10 | 070-4256-5395 |
| 187 | 경기 | 광주시청 | 광주시 노인종합복지회관 | 경기도 광주시 탄벌동 18-1번지 | 031-766-9129 |
| 188 | 경기 | 구리시청 | 구리시지자체직영프로그램(구리여성노인회관) | 경기도 구리시 인창동 673-5 구리시 수택동 848번지 | 031-550-2951 031-550-8773 |
| 189 | 경기 | 구리시청 | 구리시장애인종합복지관 | 경기도 구리시 수택3동 851-1 | 031-562-0068 |
| 190 | 경기 | 구리시청 | 구리시종합사회복지관 | 경기도 구리시 토평동 984 | 031-556-8100 |
| 191 | 경기 | 남양주 시청 | 남양주시노인복지관 | 경기도 남양주시 진건읍 송능1리 109-17 | 031-573-6598 |
| 192 | 경기 | 남양주 시청 | 동부노인복지관 | 경기도 남양주시 수동면 운수리 361번지 | 031-559-5880 |
| 193 | 경기 | 부천시청 | 상동종합사회복지관 | 경기도 부천시 원미구 상동 318-1 | 032-652-0420 |
| 194 | 경기 | 부천시청 | 심곡복지회관 | 경기도 부천시 소사구 심곡본동 665-13 | 032-665-6061 |
| 195 | 경기 | 부천시청 | 원종종합사회복지관 | 경기도 부천시 오정구 오정동 139-1 원종종합사회복지관 | 032-681-0110 |
| 196 | 경기 | 부천시청 | 춘의종합사회복지관 | 경기도 부천시 원미구 춘의동 237번지 | 032-655-6133 |
| 197 | 경기 | 성남시청 | 수정노인종합복지관 | 경기도 성남시 수정구 산성동 2178 | 031-731-3393~4 |
| 198 | 경기 | 성남시청 | 수정중앙종합복지관 | 경기도 성남시 수정구 북정동 주산도 1길 40 | 031-752-3366 |
| 199 | 경기 | 성남시청 | 중동제2복지회관 | 경기도 성남시 중원구 중동 1539번지 | 031-747-9544 |
| 200 | 경기 | 성남시청 | 중원노인종합복지관 | 경기도 성남시 중원구 성남동 3440번지 | 031-751-7450 |
| 201 | 경기 | 성남시청 | 창세학교 | 경기도 성남시 수정구 신흥 2동 47번지 | 031-744-7004 |
| 202 | 경기 | 성남시청 | 청솔야간학교 | 경기도 성남시 중원구 성남동 3381 | 02-418-0085 |

| 연번 | 광역 | 기초자치 단체명 | 문해교육기관명 | 주소 | 연락처 |
|---|---|---|---|---|---|
| 203 | 경기 | 수원시청 | 버드내노인복지관 | 경기도 수원시 권선구 세류3동 483번지 | 031-547-6211 |
| 204 | 경기 | 수원시청 | 수원푸른빛평생학교 | 경기도 수원시 팔달구 고등동 56-19 | 031-241-0058 |
| 205 | 경기 | 시흥시청 | 거모종합사회복지관 | 경기도 시흥시 거모동 1738-9 | 031-493-6347 |
| 206 | 경기 | 시흥시청 | 대야종합사회복지관 | 경기도 시흥시 대야동 484-5 | 031-404-8112 |
| 207 | 경기 | 시흥시청 | 목감종합사회복지관 | 경기도 시흥시 조남동 산 9-19 | 031-403-0120 |
| 208 | 경기 | 시흥시청 | 시흥시민대학 | 경기도 시흥시 신천동 773-5 성실빌딩 3층 | 031-435-0771 |
| 209 | 경기 | 시흥시청 | 작은자리종합사회복지관 | 경기도 시흥시 신천동 882-2 | 031-313-6249 |
| 210 | 경기 | 시흥시청 | 정왕종합사회복지관 | 경기도 시흥시 정왕동 1800-8번지 | 031-319-6195~7 |
| 211 | 경기 | 안산시청 | 부곡종합사회복지관 | 경기도 안산시 상록구 부곡동 711번지 | 031-417-3677 |
| 212 | 경기 | 안산시청 | 용신평생교육원 | 안산시 단원구 원곡동 795번지 (본원) 경기도 안산시 상록구 본오1동 860-15번지 (분원) | 031-494-0675 |
| 213 | 경기 | 안양시청 | 안양시민대학 | 경기도 안양시 만안구 안양1동 622-3 광흥빌딩 3,4,5,층 | 031-444-7811 |
| 214 | 경기 | 안양시청 | 안양시민학교 | 경기도 안양시 만안구 안양6동 510-14번지 3층 | 031-465-3691 |
| 215 | 경기 | 안양시청 | 안양향토학교 | 경기도 안양시 만안구 안양로 384번길 50 안양2동 주민자치센터 4층 | 031-466-0364 |
| 216 | 경기 | 양주시청 | 삼숭중학교 | 경기도 양주시 삼숭동 679-1번지 | 031-840-8160 |
| 217 | 경기 | 양주시청 | 아름다운문고 (부설아름다운배움터) | 경기도 양주시 남면 신산리 192-1 | 031-859-0359 |
| 218 | 경기 | 양주시청 | 양주1동 주민자치위원회 | 경기도 양주시 남방동 119-4번지 양주1동 주민센터 2층 교양실 | 031-820-5811 |
| 219 | 경기 | 양수시청 | 양주시지자체직영프로그램(덕계학습관, 천싱마을) | 경기도 양주시 덕계동 | 031-820 2442 |
| 220 | 경기 | 용인시청 | 신갈야간학교 | 경기도 용인시 기흥구 신갈동 1번지 | 031-283-5566 |
| 221 | 경기 | 용인시청 | 용인시서북부장애인 종합복지관 | 경기도 용인시 기흥구 용구대로 2469번길 94 | 031-895-3242 |
| 222 | 경기 | 이천시청 | 은광노인복지회관 | 경기도 이천시 안흥동 128-1번지 | 031-638-3986 |
| 223 | 경기 | 이천시청 | 이천시지자체직영프로그램(이천시청) | 경기도 이천시 부악로 40 이천시청 6층 평생학습센터 | 031-644-4344 |

| 연번 | 광역 | 기초자치 단체명 | 문해교육기관명 | 주소 | 연락처 |
|---|---|---|---|---|---|
| 224 | 경기 | 이천시청 | 이천시노인종합복지회관 | 경기도 이천시 중리동 187번지 종합복지타운 본관2층 | 031-636-0190 |
| 225 | 경기 | 이천시청 | 장호원반석교회 사회봉사관 | 경기도 이천시 장호원읍 장호원리 100-15 | 031-642-7942 |
| 226 | 경기 | 평택시청 | (사)평택시민아카데미 | 경기도 평택시 이충동 381번지 현대상가 4층 | 031-663-9622 |
| 227 | 경기 | 평택시청 | 평택서부노인복지관 | 경기도 평택시 안중읍 안중리 299-10번지 | 031-683-0030 |
| 228 | 경기 | 평택시청 | 합정종합사회복지관 | 경기도 평택시 합정동 829번지 주공 3단지 내 | 031-655-5337 |
| 229 | 경기 | 포천시청 | 경기도립중앙도서관 포천분관 | 경기도 포천시 중앙로 92-6 | 031-531-8751 |
| 230 | 경기 | 하남시청 | 하남모범사회교육학교 | 경기도 하남시 신장1동 427-116 | 031-794-8891 |
| 231 | 강원 | 강릉시청 | 강릉시지자체직영프로그램(강릉시청) | 강원도 강릉시 율곡로 2923-12 | 033-640-5959 |
| 232 | 강원 | 강릉시청 | 강릉종합사회복지관 | 강원도 강릉시 강변로 510 | 033-653-6375 |
| 233 | 강원 | 속초시청 | 속초YWCA | 강원도 속초시 영랑동 234-2 | 033-635-3523~4 |
| 234 | 강원 | 속초시청 | 속초도서관 | 강원도 속초시 교동 번영로 45번지 | 033-636-1495 |
| 235 | 강원 | 원주시청 | 원주시지자체직영프로그램(원주시청) | 강원도 원주시 무실동 시청로 1 | 033-737-2742 |
| 236 | 강원 | 춘천시청 | 사북면문해학교 | 강원도 춘천시 사북면 원평리 422-10 | 033-243-1138 |
| 237 | 강원 | 춘천시청 | 양지어린이집 | 강원도 춘천시 남산면 광판리 824 | 033-263-7573 |
| 238 | 강원 | 태백시청 | 태백대안학교 | 강원도 태백시 황지동 263-22번지 | 033-552-0244 |
| 239 | 강원 | 화천군청 | 간동노인대학 | 강원도 화천군 간동면 간척리 524-3 | 033-442-5959 |
| 240 | 충북 | 단양군청 | 단양군지자체직영프로그램(단양군청소백학교) | 충청북도 단양군 단양읍 별곡리 315 | 043-420-2582 |
| 241 | 충북 | 단양군청 | 단양군자원봉사 종합센터 | 충청북도 단양군 단양읍 별곡리 316 | 043-423-8581 |
| 242 | 충북 | 단양군청 | 단양노인장애인복지관 | 충청북도 단양군 단양읍 별곡리 319번지 | 043-423-2828 |
| 243 | 충북 | 옥천군청 | 옥천군지자체직영프로그램(안남어머니학교/안내면행복한학교) | 충청북도 옥천군 안남면 연주리 408-3번지<br>충청북도 옥천군 안내면 현리 123 안내면사무소 2층 | 043-730-4553<br>043-730-4592 |

| 연번 | 광역 | 기초자치 단체명 | 문해교육기관명 | 주소 | 연락처 |
|---|---|---|---|---|---|
| 244 | 충북 | 제천시청 | 도화문해학교 | 충청북도 제천시 백운면 도곡1리 118-9 | 043-651-3378 |
| 245 | 충북 | 제천시청 | 제천가톨릭복지관 | 충청북도 제천시 의림동 32-1 | 043-643-2871 |
| 246 | 충북 | 제천시청 | 제천장애인종합복지관 | 충청북도 제천시 청전동 110번지 | 043-652-0900~3 |
| 247 | 충북 | 제천시청 | 제천종합사회복지관 | 충청북도 제천시 하소동 345번지 | 043-644-2983 |
| 248 | 충북 | 진천군청 | 진천군노인복지관 | 충청북도 진천군 진천읍 문화7길 12-6 | 043-533-2716 |
| 249 | 충북 | 진천군청 | 초평초등학교 | 충청북도 진천군 초평면 초동로 143번지 | 043-532-6290 |
| 250 | 충북 | 청주시청 | (청주시)무궁화야간학교 | 충청북도 청주시 상당구 대성로 298 청주대학교 학생회관 427 | 043-215-7619 |
| 251 | 충북 | 청주시청 | 사회교육센터 일하는 사람들 | 충청북도 청주시 흥덕구 사직2동 126-9 3층 | 043-265-4055 |
| 252 | 충북 | 청주시청 | 심지야간학교 | 충청북도 청주시 흥덕구 복대동 326-12번지 | 010-5316-1683 |
| 253 | 충북 | 청주시청 | 야간학교 늘푸른교실 | 충청북도 청주시 흥덕구 구룡로 12 | 043-287-2515 |
| 254 | 충북 | 충주시청 | 충주문화학교 | 충청북도 충주시 교현1동 351-2번지 | 043-852-8913 |
| 255 | 충북 | 충주시청 | 충주한울학교 | 충청북도 충주시 교현동 351-2 | 043-848-3858 |
| 256 | 충남 | 공주시청 | 공주야학한빛배움터 | 충청남도 공주시 신관동 280-3 한빛아파트 상가 103호, 203호 | 041-856-4972 |
| 257 | 충남 | 공주시청 | 금강사회복지관 | 충청남도 공주시 옥룡동 123번지 | 041-856-6110 |
| 258 | 충남 | 논산시청 | 충청남도남부 평생학습관 | 충청남도 논산시 부창로 71번지 | 041-730-7716 |
| 259 | 충남 | 부여군청 | 부여군지자체직영 프로그램(부여군청) | 충청남도 부여군 부여읍 사비로 33 | 041-830-2176 |
| 260 | 충남 | 서산시청 | 서산시지자체직영 프로그램(서산시청) | 충청남도 서산시 관아문길 1 | 041-660-2378 |
| 261 | 충남 | 서산시청 | 충청남도서부평생학습관 | 충청남도 서산시 석림동 457-15번지 | 041-668-0049 |
| 262 | 충남 | 서천군청 | 서천군농민회 마서어머니학교 | 충청남도 서천군 서천읍 군사리 216-9 2층 | 041-953-6225 |
| 263 | 충남 | 서천군청 | 서천군자원봉사센터 부설늘푸른배움터 | 충청남도 서천군 서천읍 군사리 183-35 | 041-952-0941 |
| 264 | 충남 | 아산시청 | 아산도서관 | 충청남도 아산시 실옥동 158-7 | 041-541-1022 |
| 265 | 충남 | 아산시청 | 아산시노인종합복지관 | 충청남도 아산시 온천2동 266-35번지 | 041-544-1401 |
| 266 | 충남 | 아산시청 | 아산시민대학한글학교 | 충청남도 아산시 온천1동 219-2번지(5월 31일 이후 온천1동 40-55번지로 주소변경예정) | 041-534-0839 |

| 연번 | 광역 | 기초자치 단체명 | 문해교육기관명 | 주소 | 연락처 |
|---|---|---|---|---|---|
| 267 | 충남 | 아산시청 | 아산종합사회복지관 | 충청남도 아산시 영인면 아산리 125-2 | 041-542-2308 |
| 268 | 충남 | 예산군청 | 예산군지자체직영 프로그램(예산군청) | 충청남도 예산군 예산읍 사직로 33 | 041-339-7454 |
| 269 | 충남 | 천안시청 | 충청남도평생교육원 | 충청남도 천안시 동남구 목천읍 충절로 983번지 | 041-629-2048 |
| 270 | 충남 | 천안시청 | 충청남도학생교육문화원 | 충청남도 천안시 동남구 원성동 191번지 | 041-904-6833 |
| 271 | 충남 | 청양군청 | 청양군지자체직영 프로그램(청양군청) | 충청남도 청양군 청양읍 문화예술로 222 | 041-940-2859 |
| 272 | 충남 | 홍성군청 | 홍성군 장애인 종합복지관 | 충청남도 홍성군 홍성읍 옥암리 62-8 | 041-634-0267 |
| 273 | 충남 | 홍성군청 | 홍성사회복지관 | 충청남도 홍성군 홍성읍 오관리 701 | 041-632-2008 |
| 274 | 전북 | 군산시청 | (군산)우리배움터 한글교실 | 전라북도 군산시 금광동 167-14 | 063-461-6481 |
| 275 | 전북 | 군산시청 | 군산시지자체직영 프로그램(군산시청) | 전라북도 군산시 시청로 17번 | 063-450-6175 |
| 276 | 전북 | 군산시청 | 시민교육센터 | 전라북도 군산시 중앙로1가 20-2번지 | 063-466-4617 ~8277 |
| 277 | 전북 | 김제시청 | 길보종합사회복지관 | 전라북도 김제시 신풍동 613-3번지 | 063-545-1923 |
| 278 | 전북 | 김제시청 | 김제시지자체직영 프로그램(김제시청) | 전라북도 김제시 요촌동 423-2 | 063-540-4115 |
| 279 | 전북 | 남원시청 | 남원시지자체직영 프로그램(남원시평생학습센터) | 전라북도 남원시 광한북로 54 | 063-620-8998 063-631-2493 |
| 280 | 전북 | 남원시청 | 사회복지법인 풍악복지재단 스마일빌 | 전라북도 남원시 대산면 신계리 429-27 | 063-626-8666 |
| 281 | 전북 | 완주군청 | 완주군지자체직영 프로그램(완주군청) | 전라북도 전주시 덕진구 백제대로 721 | 063-240-4596 |
| 282 | 전북 | 익산시청 | (익산)우리배움터 한글교실 | 전라북도 익산시 남중동 1가 535번지 | 063-855-8214 |
| 283 | 전북 | 익산시청 | (익산시)무궁화야학교 | 전라북도 익산시 남중동 250-8번지 2층 | 063-854-8894 |
| 284 | 전북 | 익산시청 | 부송종합사회복지관 | 전라북도 익산시 부송동 1069번지 | 063-831-0250 |
| 285 | 전북 | 장수군청 | 계북초등학교학부모회 | 전라북도 장수군 계북면 어전리 742번지 | 063-352-1108 |
| 286 | 전북 | 장수군청 | 장수군지자체직영프로그램(장수노인복지관) | 전라북도 장수군 장수읍 노하리 378-3번지 | 063-353-8288 |
| 287 | 전북 | 장수군청 | 장수군다문화가족 지원센터 | 전라북도 장수군 장수읍 장수리 449-4번지 | 063-352-3362 |

| 연번 | 광역 | 기초자치 단체명 | 문해교육기관명 | 주소 | 연락처 |
|---|---|---|---|---|---|
| 288 | 전북 | 전주시청 | (사)전북여성장애인연대 부설 등불야학교 | 전라북도 전주시 완산구 중앙동 4가 1번지 | 063-283-8533 |
| 289 | 전북 | 전주시청 | 다온장애인 평생교육 센터 | 전라북도 전주시 완산구 평화동 1가 736-3 2층 201호 | 063-229-1988 |
| 290 | 전북 | 전주시청 | 전주백학평생학교 | 전라북도 전주시 완산구 동서학동 843-4 | 063-231-0697 |
| 291 | 전북 | 전주시청 | 전주주부평생학교 | 전라북도 전주시 덕진구 금암1동 720-24 | 063-271-6050 |
| 292 | 전북 | 전주시청 | 중증장애인지역생활 지원센터 부설 새누 장애인야간학교 | 전라북도 전주시 덕진구 인후동 1가 849-14 | 063-247-1501 |
| 293 | 전북 | 정읍시청 | 산내제일교회 (산내늘푸른학교) | 전라북도 정읍시 산내면 능교리 415-19번지 | 063-538-4124 |
| 294 | 전북 | 정읍시청 | 울림야학교 | 전라북도 정읍시 시기동 235-9번지 | 063-531-6737 |
| 295 | 전북 | 정읍시청 | 정읍영생경로대학 | 전라북도 정읍시 시기 3동 448-15 | 063-536-2679 |
| 296 | 전북 | 진안군청 | 진안군지자체직영 프로그램(진안군청) | 전라북도 진안군 진안읍 중앙로 67 | 063-430-2597 |
| 297 | 전남 | 고흥군청 | 전남고흥평생교육관 | 전라남도 고흥군 고흥읍 남계리 458-7 | 061-834-3592 |
| 298 | 전남 | 곡성군청 | 곡성군지자체직영 프로그램(곡성군청) | 전라남도 곡성군 곡성읍 읍내리 713-2 | 061-360-8418 |
| 299 | 전남 | 광양시청 | 광양문예스쿨야학 | 전라남도 광양시 광양읍 칠성리 998-8 | 061-762-7175 |
| 300 | 전남 | 광양시청 | 광양시지자체직영 프로그램(광양시청) | 전라남도 광양시 시청로 33 | 061-797-3315 |
| 301 | 전남 | 광양시청 | 광양평생교육관 | 전라남도 광양시 광영동 487-1번지 | 061-815-1622 |
| 302 | 전남 | 목포시청 | (목포)상동종합 사회복지관 | 전라남도 목포시 상동 739번지 | 061-273-1142 |
| 303 | 전남 | 목포시청 | 목포노인복지관 | 전라남도 목포시 산정동 74-1번지 | 061-278-8516 |
| 304 | 전남 | 목포시청 | 목포시지자체직영 프로그램(목포시청) | 전라남도 목포시 양을로 203 | 061-270-3358 |
| 305 | 전남 | 목포시청 | 이주외국인상담센터 | 전라남도 목포시 대성동 172-9번지 | 411-80-11373 |
| 306 | 전남 | 목포시청 | 제일정보중고등학교 | 전라남도 목포시 산정1동 1052-305 | 061-276-4947 |
| 307 | 전남 | 목포시청 | 하나노인복지관 | 전라남도 목포시 영해동 1가 11-1번지 | 061-242-5354 |
| 308 | 전남 | 무안군청 | 무안군지자체직영 프로그램(무안군청) | 전라남도 무안군 무안읍 성동리 712번지 | 061-450-5314 |

| 연번 | 광역 | 기초자치단체명 | 문해교육기관명 | 주소 | 연락처 |
|---|---|---|---|---|---|
| 309 | 전남 | 무안군청 | 장애인복지관 | 전라남도 무안군 무안읍 공항로 148-18 | 061-454-4563 |
| 310 | 전남 | 순천시청 | 순천시지자체직영 프로그램(순천시청) | 전라남도 순천시 장천동 53-1 | 061-749-3884 |
| 311 | 전남 | 순천시청 | 순천향토학교 | 전라남도 순천시 용당동 213-3 | 061-755-1223 |
| 312 | 전남 | 여수시청 | 동여수노인복지관 | 전라남도 여수시 국동 688-1 | 061-643-1966 |
| 313 | 전남 | 여수시청 | 미평사회복지관 | 전라남도 여수시 미평동 284번지 | 061-652-3457 |
| 314 | 전남 | 여수시청 | 소라종합사회복지관 | 전라남도 여수시 소라면 덕양리 1230번지 | 061-685-9775 |
| 315 | 전남 | 여수시청 | 여수 상록배움터 | 전라남도 여수시 종화동 797 | 061-653-2381 |
| 316 | 전남 | 여수시청 | 여수 외국어야학 평생교육센터 | 전라남도 여수시 율촌면 신풍리 1019 | 061-685-0707 |
| 317 | 전남 | 여수시청 | 여수시지자체직영 프로그램(여수시청) | 전라남도 여수시 오림동 123번지 진남체육공원 스포츠센터 3층 | 061-690-2345 |
| 318 | 전남 | 영암군청 | 금정교회실로암문해교실 | 전라남도 영암군 금정면 아천리 290번지 | 061-473-8950 |
| 319 | 전남 | 영암군청 | 신북제일교회행복한 문해교실 | 전라남도 영암군 신북면 황금동길 130-20 신북제일교회 | 061-473-6225 |
| 320 | 전남 | 영암군청 | 영암군지자체직영 프로그램(영암군청) | 전라남도 영암군 영암읍 동무리 158번지 | 061-470-2123 |
| 321 | 전남 | 완도군청 | 꿈꾸는 학교 | 전라남도 완도군 보길면 부황리 3-1 | 061-553-7174 |
| 322 | 전남 | 완도군청 | 동백리교회 (동백리한글학교) | 전라남도 완도군 금일읍 동백리 338 | 061-554-7308 |
| 323 | 전남 | 완도군청 | 반딧불이 한글학교 | 전라남도 완도군 신지면 신리 357-1 | 061-552-0305 |
| 324 | 전남 | 완도군청 | 섬마을평생교육원 | 전라남도 완도군 노화읍 이목리 노화로 870번길 29-29 | 061-553-7560 |
| 325 | 전남 | 완도군청 | 소망한글학교 | 전라남도 완도군 금일읍 화목리 651-3 | 061-555-1994 |
| 326 | 전남 | 완도군청 | 제일한글학교 | 전라남도 완도군 완도읍 군내리 782-98 | 061-552-0333 |
| 327 | 전남 | 완도군청 | 황진성인문해교육센터 | 전라남도 완도군 군외면 황진리 527 | 061-552-6521 |
| 328 | 전남 | 장성군청 | 장성공공도서관 | 전라남도 장성군 장성읍 영천리 1070 | 061-393-6674 |
| 329 | 경북 | 경산시청 | 경산대안교육센터 | 경상북도 경산시 중방동 859-5번지2층 | 053-816-6059 |
| 330 | 경북 | 경산시청 | 경산시백천사회복지관 | 경상북도 경산시 백천동 570번지 | 053-811-1347 ~8331 |

| 연번 | 광역 | 기초자치 단체명 | 문해교육기관명 | 주소 | 연락처 |
|---|---|---|---|---|---|
| 331 | 경북 | 구미시청 | 구미상록학교 | 경상북도 구미시 원평동 1037-3번지 | 054-457-3422 |
| 332 | 경북 | 김천시청 | 김천늘푸른학교 | 경상북도 김천시 남산동 10-41 | 054-437-0722 |
| 333 | 경북 | 상주시청 | 사단법인 전국야학 협의회 상주희망야학 | 경상북도 상주시 남성동 207-10번지 | 054-533-7490 |
| 334 | 경북 | 안동시청 | 마리스타학교 | 경상북도 안동시 옥정동 464-7 | 010-3072-1478 |
| 335 | 경북 | 안동시청 | 안동시종합사회복지관 | 경상북도 안동시 옥동 974번지 | 054-853-3090 |
| 336 | 경북 | 영주시청 | 영주YMCA | 경상북도 영주시 하망동 422-27번지 | 054-634-4600 |
| 337 | 경북 | 칠곡군청 | 칠곡군지자체직영 프로그램(칠곡군교육문화회관) | 경상북도 칠곡군 왜관읍 석전리 254 | 054-979-6565 |
| 338 | 경북 | 포항시청 | 포항열린학교 | 경상북도 포항시 북구 죽도동 73-6 | 054-283-6696 |
| 339 | 경남 | 거창군청 | 남상복지회관 | 경상남도 거창군 남상면 무촌리 632-2 | 055-940-6350 |
| 340 | 경남 | 거창군청 | 남하면복지회관 | 경상남도 거창군 신원면 신차로 3067 | 055-940-7712 |
| 341 | 경남 | 거창군청 | 북상면복지회관 | 경상남도 거창군 북상면 갈계리 1391-3 | 055-940-6350 |
| 342 | 경남 | 거창군청 | 신원면복지회관 | 경상남도 거창군 신원면 신차로 3067 | 055-940-7763 |
| 343 | 경남 | 김해시청 | 구산종합사회복지관 | 경상남도 김해시 구산동 321 | 055-337-4541 |
| 344 | 경남 | 김해시청 | 김해야학교 | 경상남도 김해시 외동 1261-3번지 김해시종합사회복지관 3층 | 010-5135-2399 |
| 345 | 경남 | 밀양시청 | 밀양시종합사회복지관 | 경상남도 밀양시 삼문동 34-13 | 055-355-7484 ~5346 |
| 346 | 경남 | 사천시청 | 삼천포종합사회복지관 | 경상남도 사천시 죽림동 581-33번지 | 055-834-4195 |
| 347 | 경남 | 사천시청 | 삼한평생노인대학 | 경상남도 사천시 선구동 227-12 | 055-832-3045 |
| 348 | 경남 | 양산시청 | 양산시지자체직영 프로그램(양산시청) | 경상남도 양산시 남부동 505번지 | 055-392-3143 |
| 349 | 경남 | 창원시청 | 가톨릭여성회관 부설한울학교 | 경상남도 창원시 마산회원구 석적2동 224-7 | 055-293-8883 |
| 350 | 경남 | 창원시청 | 성산종합사회복지관 | 경상남도 창원시 의창구 신월동 13-67번지 | 055-282-3737 |
| 351 | 경남 | 창원시청 | 진동도서관 | 경상남도 창원시 마산합포구 진동면 삼진의거대로 661-94 | 055-271-8144 |
| 352 | 경남 | 창원시청 | 창원노인종합복지관 | 경상남도 창원시 성산구 대방로 175 창원노인종합복지관 | 055-712-0182 |

| 연번 | 광역 | 기초자치 단체명 | 문해교육기관명 | 주소 | 연락처 |
|---|---|---|---|---|---|
| 353 | 경남 | 창원시청 | 창원시지자체직영프로그램(대산평생교육센터, 의창평생교육센터) | 경상남도 창원시 의창구 대산면 진산대로 355번길 20<br>창원시 의창구 읍성로 156055-252-6458 | 055-296-5604 |
| 354 | 경남 | 창원시청 | 합포문화동인회 애솔배움터 | 경상남도 창원시 마산회원구 양덕동 477번지 마산종합운동장 축구장내 1층 애솔배움터 | 055-296-2686 |
| 355 | 경남 | 통영시청 | 통영시노인복지회관 | 경상남도 통영시 광도면 죽림리 318-15 통영시노인복지회관 | 055-648-4877 |
| 356 | 경남 | 하동군청 | 하동군지자체직영 프로그램(하동군청) | 경상남도 하동군 읍내리 180-3 | 055-880-2183 |
| 357 | 제주 | 서귀포 시청 | 서귀포오석학교 | 제주도 서귀포시 서귀동 260-16 | 064-762-2487 |
| 358 | 제주 | 제주시청 | 동려평생학교 | 제주도 제주시 이도1동 1660번지 | 064-752-6381 |
| 359 | 제주 | 제주시청 | 제주영락종합 사회복지관 | 제주도 제주시 일도2동 324-10 | 064-759-4071 |
| 360 | 제주 | 제주시청 | 제주장애인야간학교 | 제주도 제주시 삼도2동 1105 삼도파크빌 201호 | 064-751-9102 |

출처: 평생교육진흥원(2011b). 2011년 성인문해교육 지원사업 운영지침서.

# 참고문헌


고순철(1996). 한국문해교육의 학문적 전개와 과제. 한국사회교육협회 창립 20주년 연차대회 및 세미나 자료.

공은화(2007). 성인 문해교육기관의 운영실태 분석. 경북대학교 대학원 석사학위논문.

교육부(1999). 평생교육백서. 교육부.

교육인적자원부 · 한국교육개발원(2007). 평생교육백서. 한국교육개발원.

김미선(2008). 성인 학습자의 문해교육정책에 관한 연구. 강원대학교 대학원 석사학위논문.

김신일(1990). 비문해의 개인적 요인과 사회적 요인. 문해교육연구 제1집.

김은이(2010). 성인문해학습자의 중도탈락의 영향요인. 고려대학교 대학원 석사학위논문.

김은주(2003). 비문해 중년여성의 문해교육 참여가 자아존중감에 미치는 영향. 중앙대학교 대학원 석사학위논문.

김정옥(2008). 노인문해교육과 삶의 만족도와의 관계. 호서대학교 대학원 석사학위논문.

김정은(2007). 노인문해교육과 삶의 만족도의 관계. 호서대학교 대학원 석사학위논문.

김종서(1961). 문맹자조사. 조사연구 5. 서울: 중앙교육연구소.

_____ (1994). 한국 문해교육문제 종합적 고찰. 문해교육연구 제2집.

_____ (2001). 한국문해교육연구. 서울: 교육과학사.

김종서 · 김신일 · 한숭희 · 강대중(2011). 평생교육개론. 경기: 교육과학사.

김종천(2006). 한국 성인 문해교육 실태와 활성화 방안에 관한 연구. 세명대학교 대학원 석사학위논문.

김진화(2005). 한국 문해교육의 지향점과 발전과제. 여성지도자교육자료집.

김혜련(1993). 여성의 이혼경험을 통해 본 가부장적 결혼 연구. 이화여자대학교 대학원 석사학위논문.

나운환 (2008). 장애학-통합재활적 접근. 서울: 나눔의집.

남기민 · 조명희 · 조추용 · 한규량(2003). 현대노인교육론. 서울: 현학사.

노종철(2008). 여성노인학습자의 문해교육 참여형태와 자아존중감에 관한 연구. 대구대학교 대학원 석사학위논문.
만희(2006). 교육평등 세상 만들기의 첫걸음, 문해교육. 서산시 문해교육지도자 과정자료.
박성익(1998). 교수학습방법의 이론과 실제 1. 경기: 교육과학사.
백종주(2001). 한국 문해교육의 실태와 문제. 한국성인의 문해실태와 발전과제세미나. 한국교육개발원.
백종주(2002). 저학력 비문해 여성의 경험세계에 관한 연구. 이화여자대학교 대학원 석사학위논문.
양병찬(2004). 학습권 관점에서 본 성인 문해교육 지원정책 분석. 평생교육학연구 10(4), 207-229.
양수명(2010). 노인학습자의 문해교육 참여특성에 따른 만족도에 관한 연구. 대구대학교 대학원 석사학위논문.
유성상 외(2001). 격변하는 세계의 문해교육 문제: 국제문해교육 비교연구. 서울: 아시아 태평양 교육발전 연구단.
윤복남(1990a). 한국 문해교육의 사회사적 고찰. 고려대학교 대학원 박사학위논문.
_____ (1990b). 문해교육의 개념과 기준. 문해교육 연구 제1집.
_____ (1991). 한국 문해교육의 사회사적 고찰. 고려대학교 대학원 박사학위논문.
_____ (1999). 외국의 문해교육 및 성인기초교육의 실천. 안암교육학회.
_____ (2001). 해방전 한국의 문해교육운동. 서울: 교육과학사.
_____ (2002). 문해교육의 의의와 문해조사의 문제. 한국교육학연구 8(2), 255-274.
이경아 외(2006). 성인문해교육 지원사업 종합발전방안 연구. 한국교육개발원.
이규식 · 국미경 · 김종현 · 김수진 · 유은정 · 권요한 · 강수균 · 석동일 · 박미혜 · 김시영 · 권순황 · 정은희 · 이필상 (2004). 청각장애아 교육. 서울: 학지사.
이분옥(1990). 성인 기초 교육. 사회교육연구 제15권.
이수훈(2003). 교육 기본권의 실질적 보장에 관한 연구. 창원대학교 대학원 박사학위논문.
이정화 · 한경혜(2008). 농촌 조손가족의 세대관계와 손자녀 양육 조모의 심리적 복지. 한국노년학 28(1). 177-196.
이준우(2004). 수화의 이해와 실제. 경기: 나남.
이희수 · 이지혜 · 안도희 · 변종임 · 박상옥 · 이현석(2002). 한국성인의 비문해 실태조사. 한국교육개발원.

이희수 · 한유경 · 박현정 · 이세정 · 이정희 · 권재현(2001). 한국성인의 문해실태에 관한 OECD 국제비교 조사연구. 한국교육개발원

조혜정(1994). 탈식민지 시대 지식인의 글읽기와 삶읽기 3. 서울: 또 하나의 문화.

정용란(2010). 학습권 관점에서의 성인문해교육 학습과정 분석. 아주대학교 대학원 석사학위논문.

정희진(2000). 아내폭력 경험의 성별적 해석에 대한 여성학적 연구. 이화여자대학교 대학원 석사학위논문.

전국문해성인기초교육협의회(2008). 평생교육으로 본 문해교육의 전망과 과제. 이천시.

채재은(2005). 미국의 성인문해교육 지원체제 분석과 시사점. 평생교육연구 11(1), 1-22.

최운실(1989). 문해교육 심포지움 발표자료. 한국사회교육협회, 한국교육개발원 공동주최.

_____ (1990). 산업화와 문해교육 접근전략. 문해교육연구 제1집.

최운실 · 백은순(1990). 한국 문해실태와 문해교육. 한국교육개발원.

최운실 · 백은순 · 최상근(1989). 한국인의 문해실태 조사연구: 1차년도 보고서. 한국교육개발원.

최윤정(2002). 무학력자 성인문해학습과정에 관한 생애사적 연구. 서울대학교 대학원 석사학위논문.

최제만(1959). 문맹퇴치교육에 관하여. 서울대학교 대학원 석사학위논문.

평생교육진흥원(2007). 평생교육법 전부 개정 기념 학술 심포지엄 자료집.

_____ (2008). 2008년 성인문해교육 지원사업 설명회 자료집.

_____ (2009). 성인문해교육지원사업 홍보 자료집.

_____ (2011a). 2011년 성인문해교육지원사업 · 소외계층 평생교육 프로그램 지원사업 설명회 자료집.

_____ (2011b). 2011년 성인문해교육 지원사업 운영지침서.

한국교육개발원(2002). 한국성인의 비문해실태 조사 연구.

한국문해교육협회(2005). 한국의 문해교육. 서울: 문음사.

한은희(1998). 성인문해교육 운영에 관한 연구. 단국대학교 대학원 석사학위논문.

허준(2008). 문해교육 법제화 학습사회로 가는 길. 2008년도 한국평생교육학회 추계 학술대회 학습사회와 평생교육: 이념과 실상.

허정무(2002). 노인교육이론과 실천방법론. 서울: 양서원.

황종건(1990a). 문해 운동의 역사적 의의. (사)한국문해교육협회.

_____ (1990b). 한국 문해운동의 역사와 전망. 문해교육연구 제1집.

_____ (1994). 동아시아 글자개혁 운동과 우리나라 문해교육의 문제점. 문해교육연구2. 한국문해교육협회.

Aronowitz, S. & Giroux, H. A.(1985). *Education still under siege: The conservative liberal, and radical rebate over schooling*. South Hadley, MA: Bergin & Garvey.

Askov, E. N.(2000). *"Adult literacy" Wilson, A.L. & Hayes, Handbook of adult education*. San Fransisco: Jossey-Bass.

BMBF(2008). *Confintea VI National Report of Germany: The Development and State of the Art of Adult Learning and Education(ALE)*. Berlin: Bundesministerium für Bildung und Forschung.

Buckingham, J. & Wart, T.(2000). *What's Next*. 서울: 웅진윙스.

Druker, P. F.(1994). *Post-Capitalist Society*. New York: Harper Collins Publishers.

Lazarus, R.(1989). "Adult Literacy: Size of the Problem", in Lifelong Education For Adults-An International Handbook, Colin J Titmus(ed), *The future of literacy in a changing world*. Hampton Press.

Mest & Nile(2008). *Confintea VI National Report of Republic of Korea: The Development and State of the Art of Adult Learning and Education(ALE)*. Seoul: Ministry of Education, Science and Technology & national Institute for Lifelong Education.

OECD(2002). Literacy in the Information Age. *Final Report of the International Adult Literacy Survey*. Paris: OECD.

Orem, R. A.(2000). *English as a second language in Adult Education: Handbook of Adult and Continuing Education*. San Francisco: Jossey-Bass.

Tayler, M. C.(1989). *'Adult basic education' in S. B. Merriam and P. M. Cunningham(eds.). Handbook of Adult and Continuing Education*. San Francisco: Joosey-Bass.

베네핏 매거진(2011. 7. 23 .). 세상에서 가장 값진 책 Plain Ink.

베네핏 매거진(2011. 8. 3.). 문맹퇴치 1등 아이템, Kinkajou projector.

마이데일리(2011. 9. 8.). 가난한 문맹이었던 성룡, 월드스타 된 비결은?
아시아투데이(2011. 8. 24 .). 황혼에 맛 보는 배우는 기쁨.
연합뉴스(2010. 10. 7.) . '한글 못깨친 한 푼다' , 문해교육 인정체계구축.
연합뉴스(2011. 6. 22.). 한국전쟁 당시 문맹자들을 위해 배포된 만화전단.
연합뉴스(2011. 9. 9.). 유네스코 세종대왕 문해상 인도서 시상식.

국가통계포털(http://kostat.go.kr)
네이버 지식사전(http://terms.naver.com)

# 저자소개

**이 준 우**

총신대학교 종교교육학과, 동 신학대학원 졸업
숭실대학교 사회사업학과 학부과정 이수
숭실대학교 대학원 사회사업학 석사, 박사
강남대학교 사회복지학부 교수
강남대학교 사회복지대학 학장
강남대학교 사회복지전문대학원 원장
화성시남부노인복지관 관장
한국노인복지관협회 이사
경기도노인복지관협회 부회장
화성시 복지재단 운영위원
나래울 화성시복합복지타운 운영위원

**임 은 화**

대진대학교 사회복지학과 졸업
강남대학교 사회복지전문대학원 사회복지학 석사과정 수료
화성시남부노인복지관 복지2 과장

**백 승 영**

평택대학교 사회복지학과 졸업
강남대학교 사회복지전문대학원 사회복지학 석사과정
화성시남부노인복지관 사회교육팀 사회복지사

노인복지총서 ❷

세상과 소통하는 힘 **노인문해교육**


초판 1쇄 인쇄 2011년 10월 24일
초판 1쇄 발행 2011년 10월 31일

지은이_ 이준우 · 임은화 · 백승영
펴낸이_ 황호철
펴낸곳_ 도서출판 파란마음
주소_ 140-845 서울시 용산구 백범로90라길 47 | 전화_ (02) 3275-2110~1 | 팩스_ (02) 3275-2199
등 록_ 2006년 4월 24일 · 제302-2006-00024호





ISBN 978-89-92546-85-0 93330

값 9,000원